루이 보나파르트의 브뤼메르 18일

세창클래식 019

루이 보나파르트의 브뤼메르 18일

초판 1쇄 발행 2025년 7월 10일

—

지은이 카를 마르크스
옮긴이 최형익
펴낸이 이방원

책임편집 정조연   **책임디자인** 박혜옥
기획 김명희·박준성   **마케팅** 최성수   **경영지원** 이병은

—

펴낸곳 세창출판사
　　　　신고번호 제1990-000013호　**주소** 03736 서울특별시 서대문구 경기대로 58 경기빌딩 602호
　　　　전화 02-723-8660　**팩스** 02-720-4579　**이메일** edit@sechangpub.co.kr
　　　　홈페이지 http://www.sechangpub.co.kr　블로그 blog.naver.com/scpc1992
　　　　페이스북 fb.me/Sechangofficial　**인스타그램** @sechang_official

—

ISBN 979-11-6684-422-5 93920

ⓒ 최형익, 2025

루이 보나파르트의
브뤼메르 18일

카를 마르크스 지음

최형익 옮김

세창클래식 019

세창출판사

제2판에 부치는 서문(1869)

일찍 죽음을 맞이한 나의 친구 요제프 바이데마이어*는 1852년 1월 1일부터 뉴욕에서 정치주간지를 발간할 예정이었다. 그는 프랑스에서 벌어진 쿠데타에 관한 글을 그 주간지에 실을 것을 제안했고, 나는 2월 중순까지 '루이 보나파르트의 브뤼메르 18일'이라는 제목으로 매주 기사를 보내 주었다. 그러던 와중에 바이데마이어의 정치주간지 발간 계획은 수포로 돌아가고 말았다. 대신 1852년 봄부터 월간 『혁명Die Revolution』지를 발간했고 창간호에 『루이 보나파르트의 브뤼메르 18일』을 실었다. 당시 이 글의 사본 수백 부가 독일에서 유통되고 있었지만, 정상적인 서적 판매 경로를 통해서는 아니었다. 겉보기에 매우 급진적으로 행동하던 서적 판매상은 이 책의 판매를 제안받고 이처럼 "시대에 역행하는 주장"을 담은 글 내용에 도덕적으로 엄청난 공포감에 휩싸였다고 했다.

위의 사실로부터 이 책은 사건의 직접적 압력 아래서 쓰였으며 그것의 사료도 1852년 2월을 넘지 않음을 알 수 있다. 지금 이 책의 재판을 내게

---

*   [원주] 미국 남북전쟁 당시 세인트루이스 지방의 군사령관.

된 것은 부분적으로 서적 판매상의 요청 때문이며, 또 부분적으로는 독일에 있는 친구들에게서 긴급한 요청이 있었기 때문이다.

이 글과 거의 비슷한 시기에 쓰였으며, 같은 주제를 다루고 있는 저서 가운데 단지 두 가지만 언급할 가치가 있다. 빅토르 위고의『소小 나폴레옹』과 프루동의『쿠데타』가 그것이다.

빅토르 위고는 단지 쿠데타 책임자에 대해 매섭고 재치 넘치는 독설을 퍼붓는 데 그치고 있다. 그의 저서에서는 사건 자체가 마치 청천벽력과 같이 묘사되고 있다. 그는 쿠데타에서 오직 한 개인의 폭력적 행위만을 보았을 뿐이다. 세계사에서 유례를 찾아볼 수 없는 그러한 독창적 권력의 출현을 루이 보나파르트 개인에게서 유래한 것으로 그려 냄으로써 위고는 자신이 그를 소小 나폴레옹이 아니라 대大 나폴레옹으로 만들었다는 사실을 깨닫지 못한다. 프루동은 자신의 입장에서 쿠데타를 선행하는 역사 발전의 결과로 묘사하려 한다. 하지만, 쿠데타에 대한 그의 역사적 서술은 부지불식간에 쿠데타 영웅에 대한 역사적 변명이 되었다. 그럼으로써 프루동은 소위 '객관적' 역사가들과 동일한 오류를 범하고 있다. 이와는 대조적으로 나는 프랑스에서의 '계급투쟁'이 어떻게 기괴하고 평범한 한 인간으로 하여금 영웅으로 행세할 수 있는 그러한 조건과 관계들을 만들어 내었는가를 보여 주고자 했다.

이 책을 개정한다면 그 독특한 색조를 상실할 것이다. 따라서 나는 단지 초판의 오자를 수정하고 현재로서는 더 이상 이해하기 어려운 암시적 표현들을 삭제하는 데 그쳤다.

내가 본문에서 내린 "황제의 망토가 루이 보나파르트의 어깨에 걸쳐지는 순간, 나폴레옹 동상은 방돔광장 전승기념탑 꼭대기에서 떨어져 산산조각 날 것"이라는 결론은 이미 증명되었다.

샤라스 대령은 1815년의 워털루 전투를 다룬 그의 책에서 나폴레옹 숭배에 대한 공격을 개시했다. 이를 시작으로, 특히 최근 수년 동안, 프랑스인의 저술들은 역사적 연구, 비판, 그리고 풍자와 위트 같은 무기를 사용하여 나폴레옹의 전설을 종식시켰다. 프랑스 외부에서는 이와 같은 전통적인 대중 신앙과의 급격한 결별, 다른 말로 표현한다면 이 거대한 정신혁명에 대해 별로 주목하지도 않았고 이해된 것은 더더욱 아니었다.

마지막으로 내 책이 현재, 특히 독일에서 유행하고 있는, 이른바 '카이사르주의'라는 교과서적 단어를 없애는 데 기여할 수 있기를 희망한다. 이와 같이 피상적으로 역사적 비유를 사용하는 것은 사태의 핵심, 곧 고대로마에서의 계급투쟁은 소수 특권계층의 범위 안에서 부유한 자유인과가난한 자유인 사이에서 벌어졌던 반면, 인구 가운데 거대한 생산대중이었던 노예들은 이와 같은 투쟁에서 단지 수동적 발판을 형성하는 데 지나지 않았음을 망각하는 것이다. 로마의 프롤레타리아는 사회를 희생한 대가로 살았고 근대사회는 프롤레타리아를 제물로 살아가고 있다는 시스몽디의 중요한 언급을 사람들은 잊고 있다. 고대와 근대의 계급투쟁의 물적·경제적 조건이 완전히 다르기 때문에 그로부터 나타난 정치가들도 마찬가지로 공통점이 없다. 이는 캔터베리 대주교가 제사장 사무엘과 아무런 공통점이 없는 것과 마찬가지다.

1869년 6월 23일 런던에서

카를 마르크스

독일어판 제3판에 부치는 서문(엥겔스, 1885)

『브뤼메르 18일』이 세상에 나온 지 33년의 세월이 흐른 지금에도 그것의 새로운 판이 필요하게 되었다는 사실은 이 저작이 오늘날에도 여전히 그 가치를 잃지 않았음을 증명한다.

『브뤼메르 18일』은 천재적 저작이었다. 보나파르트의 쿠데타는 청천벽력과도 같이 정치계 전체를 강타한 사건이었다. 어떤 이들은 도덕적인 비분강개의 대상으로 비난했으며, 어떤 이들에게는 혁명으로부터의 구원이자 혁명의 오류에 대한 징벌의 의미로 받아들여진 사건, 모든 사람이 단지 놀라기만 했을 뿐 그 누구도 올바로 이해하지 못한 이 사건이 발생하자마자 마르크스는 간결한 설명에 더해 정곡을 찌르는 저술을 내놓았다.

이 글에서 그는 2월 혁명 이후의 프랑스 역사 전체를 내적 연관 속에서 기술하고 12월 2일의 기적을 이러한 연관의 당연하고도 필연적인 결과로 해석했다. 이 과정에서 마르크스는 쿠데타의 영웅을, 그가 받아 마땅한 경멸 이외에 그 어떤 다른 것으로 취급할 필요를 전혀 느끼지 못했다. 12월 2일의 사건에 대한 묘사가 워낙 걸출한 대가의 솜씨로 그려졌기에, 그 이후에 전개된 모든 새로운 사태는 단지 그 그림이 현실을 얼마나 정확히 반영했는가에 대한 새로운 증거를 제공할 뿐이었다. 그날그날의 생동하는 역사를 이처럼 탁월하게 이해하는 것, 사건이 발생하고 있는 바로 그 순간에 사태를 이와 같이 명확하게 통찰하는 것은 사실 유례를 찾기 어렵다.

이 일을 해내기 위해 마르크스에게는 프랑스 역사에 관한 정확한 지식이 필요했다. 프랑스는, 역사적인 계급투쟁이 매번 다른 어떤 나라보다 결정적 지점에 도달할 때까지 철저히 진행된 나라이다. 따라서 계급투쟁이 전개되고 그 결과를 압축한 변화무쌍한 정치 형태들이 가장 선명한 모습을 드러낸다. 중세에는 봉건제의 중심이었으며, 르네상스 이후로는 신분제에 기초한 통일된 군주정의 모범국가였던 프랑스는 대혁명을 통해 봉건제를 타파했고, 다른 유럽 나라들과는 견줄 수 없을 정도로 순수하게 고전적 형태의 완전한 부르주아 지배체제를 수립했다. 그리고 여기서는 지배 부르주아에 대항해 부상하는 프롤레타리아의 투쟁 역시 다른 곳에서는 찾아볼 수 없는 첨예한 모습을 띠었다. 이런 연유로 마르크스는 프랑스의 과거 역사를 각별한 관심을 가지고 연구했을 뿐만 아니라 현재의 역사역시 모든 세세한 부분에 이르기까지 추적했으며 훗날 사용하기 위해서 관련 자료를 수집했다. 그렇기 때문에 그는 발생한 사건들에 대해 조금도 놀라지 않았다.

그러나 여기에는 또 다른 사정이 있다. 역사의 위대한 운동법칙을 처음 발견한 사람은 바로 마르크스였다. 그 법칙에 따르면 역사를 통해 벌어진 모든 투쟁은, 그것이 정치, 종교, 철학 또는 그 밖의 이데올로기 등 어떤 영역에서 전개되든지 간에 사회계급들 사이의 투쟁이 다소 분명히 표현된 것일 뿐이다. 그리고 이들 계급의 존재와 그로 인한 계급 사이의 충돌은 그들의 경제적 지위의 발전 정도, 생산양식과 그것에 의해 규정된 교환양식에 의해 다시 조건 지어진다. 에너지 전환 법칙이 자연과학에 끼친 중요성만큼이나 인류 역사에 대해 중요성을 지니는 이 법칙은 마르크스에게 프랑스 제2공화정의 역사를 이해할 수 있는 열쇠를 제공했다. 마르크스는 자신의 법칙을 프랑스에서 벌어진 사건에 적용했으며, 우리는 33년의 세월이 흐른 지금에도 그 법칙이 역사의 시험을 훌륭히 견뎌 내고 있다고 말해야 한다.

프리드리히 엥겔스

일러두기

- 이 책은 Karl Marx. 1852. "The Eighteenth Brumaire of Louis Bonaparte," in *Karl Marx and Fredrick Engels Selected Works*, vol. 1(1845-1859), Moscow: Progress Publishers, pp. 398-487을 완역한 것이다.
- 영어판 제2판에 부치는 마르크스 서문의 출처는 다음과 같다. "Preface to The Second Edition of the Eighteenth Brumaire of Louis Bonaparte," in *Karl Marx and Fredrick Engels Selected Works*, vol. 1(1845-1859), Moscow: Progress Publishers, pp. 394-395.
- 독일어판 제3판에 부치는 엥겔스 서문(1885)의 출처는 다음과 같다. "Preface to The Third German Edition of the Eighteenth Brumaire of Louis Bonaparte by Marx," in *Karl Marx and Fredrick Engels Selected Works*, vol. 1(1845-1859), Moscow: Progress Publishers, pp. 396-397.
- 본문 가운데 마르크스가 붙인 주는 [원주]라고 했다. 나머지 주는 훗날 출간된 영어본, 프랑스어본 등을 대조하여 옮긴이가 작성한 주다.
- 인명 색인은 이 책 후반부에 별도로 작성했다.
- 프랑스어 인명과 지명의 경우, 국립국어원 외래어표기법의 표기가 실제 발음과 다른 경우가 많아, 가급적 실제 발음에 가깝게 옮기고자 했다.

I

혜겔은 어디에선가 세계사에서 막대한 중요성을 지닌 모든 사건과 인물은 반복된다고 언급한 적이 있다. 그러나 그는 다음과 같은 말을 덧붙이는 것을 잊었다. 한 번은 비극으로 다음은 소극笑劇으로 끝난다는 사실 말이다. 당통에 대해서는 꼬씨디에르가, 로베스피에르에 대해서는 루이 블랑이, 1793-1795년의 산악당Montagne[1]에 대해서는 1848-1851년의 산악당[2]이 그러하며, 삼촌에 대해서는 조카가 그러하다. 그리고 같은 모습이 브뤼메르 18일의 재판再版[3]이 벌어지고 있는 상황 속에서 그려지고 있는 것이다.

인간은 자신의 역사를 만들어 가지만, 그들이 바라는 그대로 역사를

---

1   18세기 말 프랑스 대혁명 기간에 있었던 국민의회 내에서의 혁명적 민주주의자 그룹으로, 이들이 국민의회 의석 중 가장 높은 곳에 앉았던 데서 유래한 명칭이다.

2   마르크스가 이 글에서 중점적으로 다루고 있는 1848-1851년 사이, 제헌의회와 입법의회에서 쁘띠부르주아 민주주의와 공화주의자를 대표한 정파 이름이다. 이들은 『개혁(Rèforme)』지를 중심으로 모였으며, 르드뤼롤랭에 의해 주도되었고, 루이 블랑을 지도자로 하는 쁘띠부르주아 사회주의자도 여기에 참여하게 된다. 마르크스는 본문에서 이 두 정파의 결합을 사회민주주의라고 명명한다.

3   프랑스 대혁명기의 국민공회는 1793년 10월 초에 1792년 9월 22일을 기점으로 삼은 혁명력을 정했다. 혁명력은 한 달을 30일로 하고, 10일을 1주로 하였으며, 연말에 남은 5일은 휴일로 삼았다. 브뤼메르는 혁명력으로 봄의 두 번째 달로 흔히 무월(霧月), 곧 안개의 달로 불린다. 브뤼메르 18일은 1799년 11월 18일에 해당하며, 이날 나폴레옹은 정변을 일으켜 집정정부를 전복하고 군사정부를 수립했다. 마르크스가 여기서 말한 "브뤼메르 18일의 재판"이란 삼촌 나폴레옹을 모방한 조카 루이 보나파르트의 1851년 12월 2일의 쿠데타를 지칭한다.

형성해 가는 것은 아니다. 다시 말해서, 그들 스스로 선택한 환경 아래서가 아니라 과거로부터 맞닥뜨리거나 그로부터 조건 지어지고 넘겨받은 환경 아래서 역사를 만들어 가는 것이다. 모든 죽은 세대의 전통은 악몽과도 같이 살아 있는 세대의 머리를 짓누르고 있다. 현세대가 그들 자신들 그리고 만물을 혁명화하고 이제까지 존재한 적이 없는 무엇인가를 창출해 내려고 하는 것처럼 보이는 바로 그때, 정확하게 그와 같은 혁명적 위기의 시기에, 그들은 자신의 목적에 봉사할 수 있도록 과거의 유령을 주술로 초조하게 불러내며, 그들로부터 이름과 구호와 의상을 빌려 와 세계사의 새로운 모습을 이처럼 유서 깊은 분장과 빌려 온 용어로 제시한다. 그래서 루터는 사도 바울로 가장했으며 1789년부터 1814년에 이르는 혁명은 로마 공화정과 로마 제정의 의상을 번갈아 가며 몸에 걸쳤다.

1848년 혁명은 어떤 때는 1789년 혁명의 전통을, 또 다른 때는 1793년부터 1795년에 이르는 혁명적 전통을 모방할 수밖에 없었다. 이와 마찬가지로, 새로운 언어를 배우는 중인 초보자는 먼저 외국어를 모국어로 번역하여 표현하지만, 일단 새 언어의 정신에 동화하여 그 언어로 자신의 의사를 자유롭게 표현할 수 있게 될 때면, 그는 새 언어를 사용하는 데 모국어를 떠올림이 없이 그 언어 자체에서 표현법을 발견하고 외국어를 자유자재로 사용하면서 모국어를 잊게 된다.

세계사의 유령들을 이처럼 주술로 불러내는 일을 유심히 들여다보면 금방 어떤 현저한 차이가 드러난다. 구 프랑스 혁명의 당파들과 대중들뿐만 아니라 그 주역이었던 까미유 데물랭, 당통, 로베스피에르, 생쥐스트, 나폴레옹 등은 로마인의 의상을 입고, 로마인의 언어를 사용하면서 자기들 시대의 임무, 곧 근대 부르주아 사회를 봉건제로부터 해방하고 새롭게 건설하는 임무를 수행했다. 최초의 주역들은 봉건제의 토대를 산산조각 내고 봉건적 기초 위에서 성장한 봉건 지배세력을 쓸어 냈다. 또 다른 주역들은 처음으로 자유경쟁이 발전할 수 있고 분할한 토지 소유를 이용할 수 있으며, 국민의 무한한 산업생산력을 활용할 수 있는 여건을 프랑스 국내에 조성했다. 그리고 프랑스 국경 너머의 유럽대륙 전역에서 봉건제도들을 일소했는데, 그것은 프랑스에 부르주아 사회를 제공하기 위해 필요했던 것과 마찬가지로 유럽대륙 전체에 적절한 최신의 조건을 제공하기 위한 것이었다. 일단 새로운 사회구성체가 확립되자, 고대의 거인들은 자취를 감췄고, 그들과 함께 부활했던 고대 로마의 흔적인 브루투스 가문, 그라쿠스 형제, 푸블리쿨라, 호민관, 원로원 의원, 그리고 카이사르 자신이 즉시 사라졌다.

부르주아 사회는 냉정한 자기현실 속에서 세이, 꾸쟁, 루아예콜라르, 뱅자맹 콩스탕, 기조와 같은 자신의 진정한 해석자와 대변인들을 배출했다. 부르주아 사회의 실질적 사령관들이 계산대 뒤에 자리 잡았고 돼지머리를 닮은 루이 18세가 부르주아 사회의 정치적 우두머리였다. 부의 생산과 평화적 경쟁에 완전히 몰두해 있었기 때문에 부르주아 사회는 로마 시대로부터 온 유령들이 그들 사회의 요람을 지키고 있음을 더 이상 알지 못했다.

그러나 부르주아 사회가 아무리 비영웅적인 것이라 하더라도, 부르주아 사회 또한 스스로를 탄생시키기 위해 어느 정도의 영웅주의와 희생과 테러, 그리고 내란과 인민들 사이의 전투를 겪었다. 로마 공화정의 고전적이며 엄격한 전통 안에서 부르주아 사회의 투사들은 그들의 이상, 투쟁 방법과 자기기만을 발견했다. 이것은 자신들의 투쟁의 내용에서 드러나는 부르주아적 한계를 은폐하고 그들의 열정을 위대한 역사적 비극의 높은 차원에서 유지하기 위한 목적이었다. 이와 유사하게, 한 세기 전 또 다른 발전 단계에서 크롬웰과 영국 국민들은 그들의 부르주아 혁명을 위해 구약성서로부터 어법과 열정과 환상을 빌려 왔다. 혁명의 목적이 달성되었을 때, 다시 말해서 영국이 부르주아 사회로의 전환을 달성했을 때 로크는 하박국Habakkuk을 밀어내고 그 자리를 대신했다.[4]

　이와 같은 여러 혁명에서 죽은 자를 깨어나게 하는 일은 단순히 과거의 투쟁을 흉내 내기 위해서가 아니라 새로운 투쟁에 영광을 부여하는 목적에 기여하기 위해서였다. 나아가 현실적 해결책에서 도피하기 위해서가 아니라 상상 속에서 그러한 임무를 위대한 것으로 만들기 위한 것이었으며, 과거의 유령으로 하여금 주변을 다시 배회하도록 하려는 것이 아니라 혁명의 정신을 재발견하기 위함이었다.

　1848년부터 1851년까지의 시기에는 자신을 늙은 바이이로 가장한, 노란 장갑을 낀 공화주의자 마라스트로부터 평범함에 더해 거부감마저 불러일으키는 자신의 모습을 나폴레옹의 철제 데드마스크 아래에 감춘 한 명의 모험가[5]에 이르기까지 오직 구혁명의 유령만이 배회했다. 혁명을 통해 스스로에게 가속화된 동력을 부여했다고 상상했던 전체 인민은 갑자기 이미 사라져 버린 시대로 되돌아가고 있는 자신을 발견한다. 퇴보에 대한 어떤 의혹도 품지 않게 하기 위해 옛 시절이 다시 도래했으며, 오랫동안 골동품 연구가의 박식함의 주제로만 남아 있던 과거의 연대기들과 여러 명칭, 법령, 또한 이미 오래전에 썩어 없어진 것으로 여겨졌던 법률의 앞잡이들이 마찬가지로 되살아났다.

　프랑스 국민은 고대 파라오 시대에 살고 있다고 생각하면서 에티오피

4　하박국은 기원전 7세기 『하박국서』라는 소예언서를 저술한 예언자로 그의 이름은 '포옹하는 사람'을 뜻한다. 기원전 8세기 갈데아인이 바빌론에 침투하여 팔레스티나 전 지역의 패권을 장악하였다. 유다는 기원전 597년에 예루살렘이 공략당하면서 패막의 길을 걷게 되었다. 『하박국서』는 이러한 상황에서 하느님께 신뢰를 바치고 충성하라는 메시지를 전하고 있다. 마르크스는 여기서 영국이 부르주아 사회로의 전환을 달성함으로써 더 이상 하박국과 같이 성서에 나오는 예언자가 아니라 로크와 같은 자기 사회의 이데올로그로도 충분하게 되었음을 시사한다.

5　루이 보나파르트를 가리킨다.

아의 한 광산에서 금을 채굴하는 고역에 대해 날마다 탄식하는 환상에 젖어 있는 런던 정신병원의 미치광이 영국인과도 같은 느낌을 갖고 있다. 지하 감옥에 갇힌 미치광이의 머리 위에는 희미한 등불이 매달려 있으며 등 뒤에는 긴 채찍을 든 노예 감독이 도사리고 있다. 감옥 입구에는 야만적인 이방인 용병들이 엉켜 있는데, 이들은 서로 다른 언어를 사용하기 때문에 강제 노역자들과뿐 아니라 자기들끼리도 전혀 의사소통이 되지 않는다. 미치광이 영국인은 한숨지으며 이렇게 말한다. "파라오에게 금을 만들어 주기 위해 자유롭게 태어난 영국인인 내가 이 고생을 하다니."

프랑스 국민은 "보나파르트 가문이 진 빚을 갚기 위해 우리가 이런 고역을 치르다니"라며 비통해한다. 영국인은 멀쩡한 정신으로 돌아왔을 때조차 금을 캐야 한다는 고정관념을 버릴 수 없었다. 프랑스 국민은 그들의 혁명에 관여하고 있는 한, 12월 10일의 선거[6]가 증명해 준 바와 같이, 나폴레옹에 대한 기억을 지울 수 없었다. 그들은 혁명의 위험에서 벗어나 이집트의 고기 냄비 곁으로 돌아가기를 갈망했으며,[7] 그러한 갈망에 대한 답변이 1851년 12월 2일의 사건으로 나타났다. 그들이 과거의 나폴레옹에 대한 하나의 회화戲畵만을 갖고 있었던 것은 아니다. 그들은 19세기 중반에 반드시 출현하도록 회화화된 옛 나폴레옹 자신을 갖고 있었다.

19세기의 사회혁명은 과거로부터가 아니라 오직 미래에서만 영감을 받는다. 과거와 관련되어 있는 모든 미신을 벗어 버리고서야 비로소 19세

---

6   1848년 12월 10일, 루이 보나파르트는 프랑스 제2공화정 헌법에 따라 보통선거에 의해 대통령으로 선출되었다.

7   성서는 고대 이스라엘 민족이 이집트를 탈출하는 동안, 여정의 어려움과 배고픔으로 인해 그들 가운데 심약한 자들은 차라리 몸은 자유롭지 않았지만 배불리 먹을 수 있었던 이집트에서의 포로 시절을 그리워했다고 기록하고 있다. 이로부터 "이집트의 고기 냄비를 그리워하다"라는 표현은 하나의 속담이 되었다. 「출애굽기」, 제16장, 3절 참조.

기의 사회혁명은 시작될 수 있다. 이전의 혁명은 자신의 혁명적 내용에 눈을 감기 위해 지나가 버린 세계사의 추억을 필요로 했다. 19세기의 혁명은 자신만의 고유한 내용을 얻기 위해 죽은 자들로 하여금 그들의 시신을 묻어 버리도록 해야 한다. 과거 혁명에서는 언어, 곧 형식이 내용을 압도했다면, 19세기의 혁명에서는 내용이 형식을 압도한다.

1848년 2월 혁명은 기습공격이자, 구舊사회에 대한 불의의 일격이었다. 프랑스 인민은 이러한 예기치 못한 공격을 세계사적 중요성을 지니며 새로운 시대의 도래를 알리는 행위로 선언했다. 12월 2일, 2월 혁명은 카드놀이 사기꾼의 속임수에 의해 사라졌다. 타도되었다고 여겨진 것은 군주정이 아니라 수백 년의 투쟁을 통해 군주정으로부터 가까스로 획득한 자유주의적 권리였다. 사회가 새로운 내용을 스스로 획득하는 대신, 국가가 단지 그것의 낡은 형태로, 즉 군도軍刀와 승려의 모자가 뻔뻔스럽게 지배하는 상태로 복귀했다. 1848년 2월의 기습공격에 대해 1851년 12월은 이처럼 분별없는 행위로 응답했다. 쉽게 손에 넣은 것은 쉽게 사라지는 법.

그럼에도 불구하고 두 사건 사이의 시간이 헛되이 흘러가 버린 것만은 아니다. 1848년부터 1851년 사이의 몇 해 동안, 프랑스 사회는 혁명기 특유의 압축적 형태로 학습과 경험 부족을 메워 왔다. 그런데 2월 혁명이 정상적인, 이른바 교과서적인 발전 과정을 거칠 경우, 그러한 학습과 경험이 단순한 표면상의 난동 이상의 것이 되기 위해서는 2월 혁명에 선행해서 이루어졌어야 했다. 이제 사회는 혁명의 출발점 뒤로 뒷걸음친 것처럼 보인다. 사실상 사회는 무엇보다 근대혁명을 유일하게 진지하게 만들 수 있는 혁명의 출발점과 상황, 제 관계와 물질적 조건을 스스로 창출해야 한다.

부르주아 혁명은 18세기의 여타 여러 혁명과 마찬가지로 폭풍우 치듯

연속적인 성공을 거두고 있다. 혁명은 서로서로 극적인 효과를 다투며, 만물은 찬연히 빛나는 것처럼 보인다. 정신은 매일 황홀경에 빠져 있다. 부르주아 혁명의 수명은 짧다. 그것은 곧 절정에 도달할 것이며, 그 질풍노도의 시기가 가져다준 여러 결과를 사회가 자체 내에서 융합하는 방법을 맑은 정신으로 배우기 전에 장기간의 몽롱한 침체가 사회를 덮친다.

이에 반해 프롤레타리아 혁명은 19세기의 여타 혁명들처럼 스스로를 끊임없이 비판하고 혁명의 진행 과정에 부단히 자발적으로 제동을 건다. 나아가 혁명을 새롭게 시작하기 위해 외견상 성취된 것으로 되돌아가며, 비정할 정도의 철저한 태도로 그 최초의 시도에서 드러난 부적합성, 약점 그리고 하찮은 것들을 비웃는다. 프롤레타리아 혁명이 자신의 적대세력을 타도하는 것은 오직 적으로 하여금 대지에서 새로운 힘을 끌어올려 좀 더 대단한 기세로 자기와 맞서게 하기 위한 것이다.

혁명은 자기 목표의 원대함에 놀라 끊임없이 뒤로 주춤거린다. 이러한 양상은 모든 퇴행적 변화를 불가능하게 하고, 제반 여건이 스스로 다음과 같이 부르짖는 상황이 만들어질 때까지 계속된다.

"이곳이 로도스다, 여기서 뛰어라!
여기 장미꽃이 있다, 여기서 춤을 춰라!"[8]

그 외의 것에 관해서는 프랑스의 발전 과정을 한 단계씩 차분히 추적

---

8 "이곳이 로도스다, 여기서 뛰어라!"라는 말은 이솝우화에 나오는 표현으로 로도스섬에서 엄청나게 높이 뛰었다고 자랑하는 허풍선이에게 한 말이다. 즉 '바로 여기서 당신이 할 수 있는 것을 보여 달라'라는 의미다. "여기 장미꽃이 있다, 여기서 춤을 춰라!"라는 표현은 앞의 이솝우화에서 인용한 구절을 바꿔 말한 것으로 헤겔이 그의 『법철학강요』 서문에서 사용한 바 있다. 그리스어로 로도스는 섬의 이름이기도 하지만 장미꽃을 뜻하기도 한다.

해 보지 않았다 하더라도, 어지간한 관찰자들이라면 틀림없이 전대미문의 대실패가 그 혁명 앞에 닥치리라는 예감을 가졌을 것이다. 그것은 민주당 신사들께서 1852년 5월 두 번째 일요일로 예견된 축복받은 결과를 서로 축하해 주면서 외쳐 대던 자기만족적 승리의 함성을 듣는 것만으로도 충분하다. 그들의 마음속에서 1852년 5월의 두 번째 일요일은 천년왕국의 신봉자들의 마음속에 예수가 재림하여 천년왕국이 시작된다고 믿고 있던 그날과 같이 하나의 고정관념이 되고 도그마가 되었다. 언제나 그랬듯이, 나약한 자들은 기적을 믿는 마음속에서 피난처를 발견했고 단지 상상 속에서만 적을 쫓아냄으로써 적을 정복했다는 환상에 빠져들었다.

그들은 곧 닥쳐오게 될 미래와, 은밀히 생각은 있으나 실행에 옮기는 것을 원치 않았을 뿐인 행위에 대해 수동적으로 미화함으로써 현재에 대한 모든 이해를 상실했다. 이미 입증된 자신들의 무능력을 동병상련과 유유상종의 형태로 결합하는 것에 의해 부정하고자 했던 그 영웅들은 미리 자신들의 월계관을 수집했으며, 그리고는 곧 그들이 이미 남몰래 세심하게 내각을 조직한 적 있는 명목상의In partibus infidelium[9] 공화국을 어음교환소에서 할인 판매 하는 일에만 열중했다. 12월 2일은 그들에게 청천벽력과 같은 사건이었다. 무기력한 침체의 시기에 자신의 내면적 불안을 가장 시끄러운 소리로 고함치는 자들에 의해 잦아들도록 기꺼이 내버려두었던 사람들은 아마도 거위의 울음소리가 로마의 주피터 신전을 구할 수 있었던 때는 이미 지나가 버렸다고 확신했을지도 모른다.[10]

---

9   비기독교 국가에 순전히 명목상으로만 존재하는 교구의 주교로 선출된 가톨릭 성직자에게 주어진 칭호였다. '실제로 존재하지 않음'을 의미한다.
10   로마가 적에게 포위되었을 때, 로마 제일 높은 곳에 위치한 카피톨리노 언덕의 주피터 신전에서 거위가 울어 적이 야음을 틈타 공격해 오는 것을 수비대에게 알려 격퇴하게 했다는 고대 로마의 전설을 인용한 것이다.

헌법, 국민의회, 왕당파들, 청색 그리고 적색 공화주의자들, 아프리카의 영웅들,[11] 의사당 연단의 뇌성과 일간지의 벽력, 제반 간행물, 정치적 명망과 지적 명성, 민법, 형법 그리고 자유, 평등, 박애와 1852년의 두 번째 일요일 등등. 이 모든 것은 심지어 그 적들조차도 마술사임을 알아차리지 못한 한 인간의 주문 앞에서 환영과 같이 사라져 버렸다. 보통선거는 전 세계의 눈앞에서 제 손으로 유언장을 작성하기 위해, 그리고 "생성하는 일체의 것은 멸망해 가는 데 그 가치가 있다"[12]고 인민들 스스로의 이름으로 선언하기 위해서만 잠시 생존했던 것처럼 보인다.

프랑스인들 스스로 말하듯이 그들의 국가가 불의의 공격을 당했다고 주장하는 것만으로는 충분하지 않다. 국가와 국민은 듣도 보도 못한 모험가가 다가와 그들을 유린하도록 무방비의 시간을 허용한 것에 대해 용서받을 수 없다. 이러한 말 돌리기로는 그 수수께끼를 해결할 수 없으며, 단지 그 형태만 바꾸는 것일 뿐이다. 어떻게 3600만 명의 국민이 기습공격을 받았고 세 명의 사기꾼[13]의 무기력한 포로가 되었는가 하는 것은 여전히 설명을 필요로 한다.

1848년 2월 24일부터 1851년 12월까지 프랑스 혁명이 겪게 된 여러 국면을 개괄적으로 요약해 보기로 하자.

세 개의 주요 시기가 확연히 구분된다. 2월 혁명 시기와 1848년 5월 4일부터 1849년 5월 28일에 이르는 공화정 수립 또는 제헌의회 시기, 제3기

---

11 알제리 부족들의 해방전쟁에 대항한 식민지 전쟁 기간 중, 군사적 명성을 얻은 프랑스 장군들과 장교들을 지칭한다. 아프리카의 영웅들인 카베냑, 라모리씨에르, 브도 장군 등이 입법의회에서 공화주의자들을 주도했다.

12 "… Den alles, was entsteht, ist wert, daß es zu Grunde geht." 괴테, 『파우스트』, 이인웅 옮김, 학원사, 1986, 제1권, 1139-1140행.

13 세 명의 사기꾼이란 쿠데타를 모의한 루이 보나파르트, 군사령관 마낭, 경찰국장 모빠를 가리킨다.

는 1849년 5월 28일부터 1851년 12월 2일에 이르는 입헌공화정 또는 입법의회의 시기다.

제1기는 2월 24일 또는 루이 필리프의 타도로부터 제헌의회의 회합이 있던 1848년 5월 4일까지의 시기다. 이 시기는 본래적 의미의 2월 시기로, 혁명의 서막으로 기술될 수 있다. 이 시기의 특징은 다음과 같은 사실에서 공식적으로 드러난다. 이 시기에 급작스럽게 구성된 정부가 스스로 임시정부임을 공포했으며, 그 정부와 마찬가지로 당시에 논란이 되고 있거나 시도되고 있거나 또한 발표된 모든 것은 자신을 임시적인 것으로 선언했다는 점이다. 어떤 것도, 그리고 아무도 감히 자신에게 존재할 권리가 있다거나 현실적 행동의 권리가 있다고 주장하지 않았다. 혁명에로의 길을 예비했거나, 혁명을 결정해 준 모든 요인, 다시 말해 왕당파 야당, 공화주의 부르주아, 민주공화파 쁘띠부르주아, 그리고 사회민주주의 노동자들, 이 모두는 2월 정부에서 그들의 지위가 임시적인 것임을 발견했다.

사실 그렇게 될 수밖에 없었다. 2월 사건들의 원래 의도는 선거 개혁을 통해 유산계급 자체에서 정치적 특권을 가질 수 있는 자의 범위를 확대하고, 금융귀족의 배타적 지배를 타도하기 위한 것이었다. 그러나 실제로 대립이 발생하고 인민이 바리케이드를 쌓아 올렸을 때 국민방위군은 소극적인 태도를 취했다. 군대는 어떠한 심각한 진압도 하지 않았고, 왕이 도주했을 때 공화정은 당연한 것으로 여겨졌다. 모든 정파는 이 사태를 각자 자기의 입장에서 해석했다. 무기를 자신들의 수중에 확보함으로써 프롤레타리아는 공화국에 자신의 흔적을 각인시켰고, 그 정부를 사회공화국이라고 선포했다. 그리하여 여기에 근대혁명의 일반적 내용이 제시되었지만, 그 내용은 주어진 조건과 관계 아래서 이용 가능한 수단이나 대중의 교육 수준으로 보았을 때, 즉각적으로 실현될 수 있는 모든 것과는 기묘하게 모순되는 것이었다. 다른 한편, 2월 혁명에서 서로 협력한 나머지

당파들의 요구는, 새로이 수립된 정부에서 최대한의 몫을 얻어 냄으로써 충족되었다.

　우리는 어떠한 시기에서도 이보다 더 요란한 구호와 불확실하고 서투른 행동이 혼란스럽게 결합되어 있으며, 혁신을 향한 열정적 갈망과 뿌리 깊은 과거 통치 방식의 혼란스러운 혼합, 그리고 전 사회의 명백한 조화와 사회의 각 구성요소 사이 뿌리 깊은 불화 사이의 혼합을 찾아볼 수 없다. 파리의 프롤레타리아가 그들 앞에 전개되어 있는 원대한 전망에 대한 상상에 젖어 사회문제에 대한 진지한 토론에 몰두해 있었던 반면, 사회의 구세력들은 집단을 형성하고 회합을 개최했으며 국민 대다수를 차지하던 농민과 쁘띠부르주아에게서 예상치 못하던 지지를 발견했다. 이들은 7월 왕정의 장벽이 붕괴되자 즉각 정치무대로 몰려들었다.

　1848년 5월 4일부터 1849년 5월 말까지의 제2기는 헌법 제정, 곧 부르주아 공화국 수립 시기다. 2월 사건 직후 왕당파 야당은 공화파에 기습공격을 받았고, 공화파는 다시 사회주의자들의 공격을 받았으며, 다른 한편으로 프랑스 전체가 파리로부터 공격을 받았다. 1848년 5월 4일에 소집된 국민의회는 국민투표에 의해 탄생했으며 국민을 대표했다. 그것은 2월 사건의 열망과 요구에 대한 직접적 저항이었으며 혁명의 결과를 부르주아의 범위로 축소하기 위한 것이었다. 이와 같은 의회의 성격을 즉각 파악한 파리의 프롤레타리아는 의회가 소집된 지 며칠 후인 5월 15일에 의회의 존재를 폭력적으로 부정하고 해산하려 했으며, 국가의 반동적 정신을 통해 프롤레타리아를 위협하는 그 유기체를 다시 각각의 구성 부분으로 해체하려 했으나 헛수고였다. 주지하듯이 5월 15일의 사태[14]가 초래한 결과

14　1848년 5월 15일의 대규모 시위 도중 파리의 노동자들과 수공업자들은 제헌의회가 열리고 있던 의사당에 진입하여 이를 해산하고 혁명정부 수립을 선포했다. 그러나 시위자들은 긴급히 달

는 프롤레타리아 정당의 실질적 지도자인 블랑키와 그의 동지들을 우리가 지금 다루고 있는 사건 전체의 기간에 공적 무대에서 제거했다는 사실을 제외하고는 아무것도 없다.

루이 필리프의 부르주아 군주정의 뒤를 이을 수 있는 것은 오직 부르주아 공화정뿐이었다. 지금까지 소수의 부르주아 일파가 왕의 이름으로 지배해 왔다면, 이제는 부르주아 전체가 인민의 이름으로 지배하게 될 것이었다. 파리 프롤레타리아의 요구사항은 이제는 종지부를 찍어야만 하는 터무니없는 망상에 불과한 것으로 여겨졌다. 제헌의회의 이런 주장에 대해 파리의 프롤레타리아는 유럽 내전 사상 가장 거대한 사건이라 할 수 있는 6월 봉기로 맞섰으나, 부르주아 공화정이 승리했다.

부르주아 공화정 편에는 금융귀족과 산업부르주아, 중간계급, 쁘띠부르주아, 군대, 기동방위군으로 조직된 룸펜프롤레타리아, 우파 지식인, 성직자, 농민들이 서 있었다. 파리 프롤레타리아의 편에는 자신들을 제외하면 아무도 가담하지 않았다. 부르주아 공화정의 승리로 끝난 뒤, 3천 명 이상에 달하는 반란자들이 학살당했고 1만 5천 명이 재판도 없이 추방당했다.

이 싸움의 패배로 인해 프롤레타리아는 혁명무대의 뒷전으로 퇴각했다. 프롤레타리아는 운동이 새로운 국면으로 들어서는 것으로 보일 때마다 매번 무대의 전면으로 나아가고자 시도하나, 힘은 점차 소진되고 언제나 이보다 못한 결과만을 초래할 뿐이다. 프롤레타리아보다 상부에 위치한 한 계급이 혁명적 열기에 빠져들게 되면 프롤레타리아는 그들과 연합을 형성하고, 따라서 그 당파들이 차례로 겪게 되는 패배 또한 함께 나

려 온 국민방위군과 군대에 의해 즉각 해산되었다. 이 사건의 여파로 블랑키를 포함한 혁명적 노동자들의 지도자들이 체포되었다.

눈다.

이러한 후속타격은 사회 표면에 더 넓게 분산되면 될수록 점점 약화된다. 의회와 언론에서 보다 중요한 프롤레타리아 지도자들이 계속해서 법정의 희생물이 되고, 의심스러운 인물들이 더 많이 지도자로 등장한다. 프롤레타리아 일부는 교환은행과 노동자협동단체 같은 공론적 실험에 몰두하며, 구세계 자체가 가지고 있는 거대하고 조직화되어 있는 자원을 통해 구세계를 변혁하는 일을 포기하고 차라리 사회의 배후에서 사적인 방법으로, 그리고 제한된 존재조건 안에서 자신의 구원을 성취하려 하지만, 필연적으로 좌절을 겪지 않을 수 없는 운동 속으로 빠져들어 간다.

6월 봉기에서 프롤레타리아와 투쟁했던 모든 계급이 패배해서 쓰러지기 전에는 프롤레타리아 자체 내에서 혁명적 위대성을 회복하는 것도, 새롭게 형성된 관계로부터 새로운 에너지를 획득한다는 것도 불가능해 보인다. 그러나 적어도 프롤레타리아는 위대한 세계사적 투쟁이라는 영예를 안고 쓰러진다. 프랑스뿐만 아니라 전 유럽이 6월의 지진에 전율했다. 반면 그 후에 도래한 프롤레타리아의 상부에 존재하는 계급의 패배는 너무 값싸게 구해진 것이어서 승리를 거둔 세력이 그 패배를 의미 있는 사건으로 만들기 위해서는 그것을 뻔뻔스럽게 과장하기만 하면 된다. 이 패배가 수치스러운 것이 되면 될수록 패배한 당파는 프롤레타리아 당으로부터 더욱더 멀어지게 된다.

6월 반란자들의 패배는 확실히 부르주아 공화정이 수립될 수 있는 길을 열어 주었으며 그 기반을 다져 주었지만, 동시에 유럽에서 쟁점이 되고 있는 문제가 "공화정이냐 군주정이냐"가 아니었음을 보여 주었다. 파리 프롤레타리아의 패배는 부르주아 공화정이 한 계급의 여타 계급에 대한 완전한 독재를 의미한다는 것을 드러내 주었다. 그것은 발전된 계급 구성과 생산의 근대적 조건을 지니며 수 세기 동안의 오랜 연구 작업을 통해 모든 전통적 사고를 해체한 그러한 지적 의식을 갖춘 오랜 문명국들 안에서 공화정은 대체로 부르주아 사회를 혁명화하는 정치양식이지, 미국의 경우처럼 부르주아 사회의 보수적 생활양식이 아님을 증명해 주었다.

비록 미국에는 이미 여러 계급이 존재하기는 하지만 그것들은 아직 고정화되어 있지 않으며 부단한 변화 속에서 계급 사이에 항구적 유동성이 존재한다. 또한 미국은 근대적 생산수단이 정체된 과잉인구를 동반하는 대신 지력과 노동력의 상대적 결손을 오히려 보상해 주고 있을 뿐 아니라, 신세계를 자신의 것으로 만들어야만 하는 열광적이고 활발한 물질적 생산운동이 과거의 정신세계를 폐지할 수 있는 시간적 여유도 기회도 남겨 두지 않는다.

6월 사건 동안 모든 계급과 정파는 질서당으로 결집하여 프롤레타리아계급을 사회주의, 공산주의 및 무정부주의 당으로 규정하고, 프롤레타리아계급을 공격했다. 그들은 사회를 "사회의 적들"로부터 "구해 냈다." 그들은 구사회의 표어인 "재산, 가족, 종교, 질서"를 자기 군대의 암호로 지정했으며, 반혁명의 십자군들에게 다음과 같이 선언했다. "이 군호에 따라 적을 정복하리라!In this sign, thou shalt conquer!"[15] 이 순간 이후부터 그 암호에 따라 6월 반도들에 대항하기 위해 결성된 여러 당파 가운데 한 당파가 자신의 고유한 계급적 이익을 위해 혁명의 전장을 장악한다. 하지만, 그러한 지배는 오래가지 않고 다시 "재산, 가족, 종교, 질서"라는 외침 앞에 무너져 내린다.

사회는 지배자들의 범위가 축소되고 배타적 이해가 한층 넓은 범위의

---

15 로마 황제 콘스탄티누스 1세(274-337)가 312년에 막센티우스와의 전투를 앞두고 있을 때 하늘에 십자가상이 나타나면서 "너희는 이 표식 아래서 승리하리라"라는 말이 그에게 들려왔다는 전설을 풍자한 말이다.

이해에 대항하여 유지될 때 구원되는 법이다. 가장 단순한 부르주아적 재정 개혁에 대한 요구와 가장 평범한 자유주의, 가장 형식적인 공화주의, 가장 협소한 민주주의에 대한 모든 요구는 "사회에 대한 도발"로 단죄당하고 "사회주의"로 낙인찍힌다. "종교와 질서"의 고위 성직자들은 교회에서 쫓겨나고 심야에 침실에서 체포되어 감옥에 갇히며 토굴 속에 갇히거나 추방당한다. 그들의 성전은 파괴되고 입은 봉해지며, 붓은 부러지고 그들의 법률은 종교와 재산과 가족과 질서의 이름 아래 산산조각 난다. 질서를 광신하던 몇몇 부르주아는 발코니에서 술에 취한 폭도와 같은 군인들의 총에 살해되고, 그들 집 내부의 가족성소聖所는 짓밟히며, 그들의 주택은 흥미를 돋우기 위해 폭파된다. 그것도 재산, 가족, 종교, 질서의 이름으로 말이다. 부르주아 사회의 찌꺼기들이 마침내 성스러운 질서의 군대를 형성하고, 영웅 크라퓔린스키Crapulinski[16]가 "사회의 구원자"로 뛸레리궁에 안착한다.

---

[16] 크라퓔린스키는 하이네의 시 「두 기사」에 나오는 주인공으로 낭비가 심한 폴란드 귀족이다. 크라퓔린스키라는 이름은 프랑스어로 방탕, 폭식, 과음의 의미도 갖는 crapule에서 따온 것이다. 여기서 마르크스는 이 이름을 루이 보나파르트를 빗대는 데 사용했다.

II

다시 한번 사건 전개의 실마리를 살펴보도록 하자. 6월 사건 이후부터의 제헌의회의 역사는 부르주아계급 가운데 공화파 지배의 역사이자 동시에 해체의 역사이다. 이 일파는 우리들에게 삼색 공화파나 순수공화파, 정치적 공화파, 형식주의적 공화파 등의 이름으로 알려져 있다.

루이 필리프의 부르주아 군주정 치하에서 그들은 공식적인 공화파 야당을 형성했으며, 따라서 당시 정계의 구성요소로 인정되었다. 이들은 의회에 대표자를 가지고 있었으며 언론계에서도 상당한 영향력을 행사하고 있었다. 이들의 기관지인 『나시오날National』[1]은 『주르날 데 데바Journal des Débats』[2]처럼 상당한 지위를 누리고 있었다. 공화파 야당의 성격은 입헌군주정 아래서의 공화파의 위치에 상응하는 것이었다. 공화파는 거대한 공동 이해관계로 결집되고 특정 생산조건에 의해 구별되는 부르주아계급의 분파는 아니었다. 그것은 공화주의적 사고방식을 가진 부르주아, 저술가,

---

1 1830년에서 1851년까지 파리에서 발간된 일간지로 온건 부르주아 공화주의자의 기관지였다.
2 1789년 파리에서 발간된 부르주아 일간지로 *Journal des Débats politiques et littéraires*의 약칭이다. 7월 왕정 기간 중 정부 신문이었으며 오를레앙파 금융부르주아의 기관지였다. 1848년 혁명 기간에는 반혁명적 부르주아 정당인 질서당을 대변했다.

법률가, 군대의 장교 그리고 관리들로 이루어진 파벌집단으로, 루이 필리프에 대한 지방의 개인적 반감, 구 공화정에 대한 추억, 다수의 열성파들의 공화주의적 신념, 그러나 무엇보다도 프랑스 민족주의에 힘입어 정치적 영향력을 행사해 왔다.

공화파들은 빈 협약과 영국과의 동맹에 대한 프랑스 민족주의의 증오심을 끊임없이 자극했다. 루이 필리프의 통치 아래서『나시오날』지가 받았던 지지의 대부분은 이처럼 은폐된 제국주의적 논조 덕이었다. 이와 같은 제국주의는 이후 공화정 아래서 루이 보나파르트라는 개인을 통해『나시오날』지에 대한 치명적 적수로 등장했다.『나시오날』지도 다른 모든 부르주아 반대파와 마찬가지로 금융귀족과 투쟁했다. 프랑스에서는 예산에 대한 논쟁이 금융귀족과의 투쟁과 밀접하게 관련되어 있었다. 이 논쟁은 손쉽게 인기를 얻을 수 있었으며, 매우 풍부한 재료를 청교도적 사설에 제공해 주었기 때문에 정치적으로 이용되지 않을 수 없었다. 산업부르주아는『나시오날』지가 프랑스의 보호주의 체제를 무조건적으로 옹호한 것에 대해 고마움을 느끼고 있었지만, 이 신문이 보호주의 체제를 옹호한 것은 국민경제의 견지에서라기보다 민족주의적 이유에서였다. 그리고 대부분의 부르주아는 이 신문의 공산주의와 사회주의에 대한 악의에 찬 비방을 지지했다.

이 밖에도『나시오날』지는 순수공화파였다. 이들은 부르주아 지배의 군주정적 형식 대신 공화정을 요구했으며 무엇보다도 공화정의 지배 아래서 노른자위를 요구했다. 이와 같은 변화를 이룰 수 있는 여러 가지 조건에 관해, 이들은 분명한 생각을 전혀 갖고 있지 못했다. 반면, 이들에게 명백한 사실, 다시 말해 루이 필리프의 지배가 종말을 고할 무렵의 개혁연회에서 공공연하게 인정된 사실은 이 일파가 민주파 쁘띠부르주아에게도, 그리고 특히 혁명적 프롤레타리아에게도 인기가 없었다는 것이다. 순수공화파는 2월 혁명이 발발하고 그로 인해 임시정부에서 공화파의 가장 잘 알려진 대표자들이 한 자리를 차지할 수 있게 되자 오를레앙 공작부인의 섭정[3]에 만족하려 했다. 이것이 바로 순수공화파의 노선을 잘 드러내주는 사례라 하겠다.

출발부터 이들은 별다른 장애 없이 부르주아의 신뢰를 받았고 제헌의회에서 다수파를 형성할 수 있었다. 임시정부의 사회주의 분자들은 제헌의회가 회기 중에 조직한 집행위원회로부터 즉시 제거되었다. 『나시오날』지를 중심으로 결집된 정파는 6월 봉기의 발발을 이용해 집행위원회를 해체했다. 나아가 그들의 최대 호적수인 르드뤼롤랭 등 쁘띠부르주아 또는 민주파 공화주의자들을 제거했다. 카베냑은 6월의 학살을 명령한 부르주아 공화파의 장군으로 집행위원회를 대신해 일종의 독재권을 행사했다. 『나시오날』지의 전前 편집장 마라스트는 제헌의회의 상임의장이 되었다. 그리고 각료들을 비롯한 대부분의 주요 직책을 순수공화파가 차지했다.

오래전부터 7월 왕정의 합법적 계승자로 자부해 왔던 부르주아 공화파는 이와 같이 기대 이상의 성과를 거두었다. 그러나 그들이 권력을 획득한 것은 루이 필리프 치하에서 꿈꾸어 왔던 것과 같이 왕권에 대항한 부르주아의 자유주의적 반란에 의해서가 아니라, 자본에 항거하는 프롤레타리아의 봉기를 포도탄grape-shot[4]으로 진압함으로써만 가능했다. 그들이 가장 혁명적 사건으로 인식해 왔던 것이 실제에 있어서는 가장 반혁명적인

---

3 2월 혁명이 발발했을 때 루이 필리프 왕은 자신의 적자인 오를레앙 공작(1842년 사망)의 큰아들이자 자신의 손자인 파리 백작에게 왕위를 양위하고 망명했다. 하지만 그의 나이가 어렸기에 엄마인 오를레앙 공작부인이 섭정을 하려 했으나 왕정을 폐지하고 공화정을 설립하기로 한 임시정부의 결정으로 무위에 그쳤다. 1850년 루이 필리프가 죽자 오를레앙가의 왕위 계승 요구자가 되었다.

4 옛날 대포에 사용한 포탄 종류의 하나로 여러 쇳덩이로 된 산탄 대포알이다.

사건으로 드러난 것이다. 그들의 무릎 위로 열매가 떨어지긴 했으나, 그 열매는 생명의 나무가 아니라 지혜의 나무에서 떨어진 것이었다.[5]

부르주아 공화파의 배타적 지배는 단지 1848년 6월 24일부터 12월 10일까지 지속되었을 뿐이다. 이 시기는 공화정 헌법 제정과 파리 계엄령으로 요약된다.

새 헌법은 기본적으로 1830년 입헌헌장The constitutional Charter[6]의 공화주의적 개정판에 지나지 않았다. 부르주아 대부분을 정치적 지배권에서 배제시킨 7월 왕정의 협소한 유권자 자격 요건과 부르주아 공화정의 존재는 양립할 수 없었다. 이와 같은 자격 요건 대신 2월 혁명은 즉시 보통선거를 선포했다. 부르주아 공화파들은 이 사건을 되돌릴 수 없었다. 그들은 선거구에서 6개월 거주해야 한다는 정도의 제한적 단서 조항을 다는 데 만족해야만 했다. 행정, 지방자치, 사법체제, 군대 등의 옛 조직은 훼손되지 않은 채 그대로 존속했거나 헌법에 따라 이들 조직이 변화된 곳에서도 그 변화는 내용이 아니라 목차에 불과한 것이었으며 실질이 아니라 명목적인 것이었을 뿐이다.

신체의 자유, 출판·언론·집회·결사의 자유, 교육과 종교의 자유 등은 1848년의 자유권 목록 가운데서 제외할 수 없는 것으로 헌법의 제복을 입었으며, 헌법은 그것들을 침해될 수 없는 것으로 규정했다. 이러한 각각의

---

5   지혜의 나무는 『구약』, 「창세기」, 제3장에 나오는 에덴동산에 있는 나무를 말한다. 아담과 이브가 사탄의 꼬임에 넘어가 이 나무 열매를 먹고 천국에서 추방되었다. 생명의 나무는 마찬가지로 에덴동산에 있는 나무로, 이 나무의 열매를 먹으면 영생을 얻는다고 한다. 부르주아 공화파들이 먹었던 것은 아담과 이브가 먹고 추방당한 지혜의 나무 열매였지, 영생을 보장하는 생명의 나무 열매는 아니었던 것이다.

6   1830년 프랑스 부르주아 혁명으로 채택된 입헌군주제 헌장이다. 7월 왕정의 기본법으로, 이 헌장은 명목상으로 국민의 권리를 신장하고 왕의 권한을 축소시켰다. 동시에 경찰, 관료기구 그리고 노동운동과 민주주의 운동에 대한 탄압법은 그대로 존속했다.

자유는 프랑스 시민의 절대적 권리로 선포되었다. 그러나 거기에는 다음과 같은 단서 조항이 붙어 있다. 이러한 권리는 "타인의 동등한 권리와 공공의 안녕" 또는 개인의 자유와 타인의 자유 및 공공의 안전과 적절한 조화를 이룰 수 있는 "법률"에 의해 제한된다는 것이. 예를 들어 보자. "모든 시민은 결사의 자유와 평화롭고 비무장의 집회를 개최할 수 있는 권리, 청원권, 출판을 통해서나 아니면 여타의 방법으로 자신의 의사를 표현할 수 있는 권리를 갖는다. 이와 같은 권리를 누리는 데 있어 타인의 동등한 권리와 공공의 안녕을 침해하지 않는 한 아무런 제한도 받지 않는다."(프랑스 헌법 제2장 8조) "교육은 자유롭다. 교육의 자유는 법률에 규정된 조건 아래서, 그리고 국가에 의한 최고 감독권 아래 향유될 수 있다."(같은 장, 9조) "각 시민의 가정은 침해될 수 없다. 단 법률에 명기된 형태에 의하는 경우는 제외된다"(같은 장, 3조) 등등. 헌법은 이후에도 끊임없이 등장할 관계법을 언급하고 있으며, 관계법은 이상에서 언급한 유보 조항을 실행에 옮길 수 있고 이와 같은 제한받지 않은 자유의 향유가 개인 상호 간에, 그리고 공공의 안전과 상충됨이 없도록 규정할 수 있었다.

나중에 이러한 관계법은 질서의 친구들인 질서당에 의해 제정되었으며, 이상과 같은 모든 자유는 부르주아가 그것을 향유하는 데 있어 다른 계급의 평등권에 의해 침해받지 않도록 조정되었다. 헌법에 의해 "다른 한쪽"으로부터 자유권을 전적으로 박탈하거나 수많은 경찰의 올가미로 얽어맨 조건 아래서 자유권을 누리도록 허락된 경우, 이러한 것은 헌법이 명기하고 있는 바와 같이 항상 "공공안전"에, 그리고 부르주아의 안전에 유리한 방향으로 나타난다. 이후의 시기에 모든 자유권을 폐기한 질서의 친구들과 자유권 전체를 온전히 요구한 민주주의자들 양측은 모두 어쩔 수 없이 헌법에다 완전한 정의를 호소하기에 이른다. 왜냐하면, 헌법의 각 조항은 그 자체에 상반된 논거, 헌법 자체에 하원과 상원, 즉 본문의 일반

조항 속에서 나타난 자유의 인정과 그 유보 조항 안에 자유의 폐기를 동시에 담고 있기 때문이다. 따라서 명목상의 자유가 존중되고 단지 그것의 현실적 실현이 합법적 방식으로 제한받는 한 헌법적으로 존재하는 자유는, 실생활에서 실현되는 자유가 아무리 치명적 타격을 입는다 하더라도 손상되지 않은 채 상태를 온전히 유지했다.

이 헌법은 그렇게 교묘한 방법으로 침해받지 않도록 만들어져 있었지만, 아킬레우스와 마찬가지로 한 가지 점에서만큼 대단히 취약했다. 그것은 발목이 아니라 머리, 정확히 두 개의 머리에 있었다. 두 개의 머리란 다름 아닌 입법의회와 대통령이었다. 헌법상 관련 조항을 살펴보면 대통령과 입법의회의 관계를 규정한 부분은 절대적이며 명확하고 모순이 없을 뿐만 아니라 왜곡의 여지가 없다는 사실을 알 수 있을 것이다. 여기서는 부르주아 공화파들이 자신들을 안전하게 보존하려는 문제가 관건이었기 때문이다. 헌법 제45조부터 제70조까지의 조항에 따르면, 의회는 대통령을 탄핵할 수 있다. 반면, 대통령은 오직 위헌적 방법으로만, 다시 말해서 헌법 자체를 거부함으로써만 의회를 제거할 수 있다. 바로 여기에 헌법이 자신을 파멸로 이끌 수 있는 치명적 약점이 도사리고 있는 것이다.

헌법은 1830년의 헌장과 마찬가지로 권력분립을 신성화하고 있을 뿐만 아니라, 권력분립을 지탱할 수 없는 모순으로까지 확대해 나가고 있다. 기조가 입법권과 행정권 사이에 전개되는 의회에서의 알력으로 이름 붙인 입헌적 권력기관들 사이의 도박은 1848년 헌법 안에서 끊임없는 한판 승부가 되었다. 한편에는 보통선거에 의해 선출되었을 뿐만 아니라 재선 가능한 750명의 인민의 대표자들이 있다. 이들은 최고의 권능을 보유하며 해산할 수 없을 뿐 아니라 분할할 수 없는 하나의 국민의회를 형성했다. 국회는 입법상의 전권을 향유하고 있으며 전쟁과 평화 및 통상조약 체결에 관한 최종 결정권을 행사하고 있을 뿐 아니라, 사면권을 독점하고, 항상 개원함으로써 무대의 전면을 차지했다.

다른 한편에는 대통령이 있었다. 그는 왕권의 모든 속성을 보유하고, 의회와 상관없이 각료들을 선출하고 해임할 수 있는 권한과 행정권의 모든 자원을 장악하여 모든 관직을 수여함으로써 이를 통해 적어도 150만 명의 사람들의 생계를 좌우했다. 왜냐하면, 이렇게 많은 수의 사람이 50만의 다양한 직위의 관리와 장교에 의존해 있었기 때문이다. 대통령은 전군을 장악하고 있다. 그는 범법자를 사면할 수 있는 권리, 국민방위군의 활동을 정지시킬 수 있는 권리, 국무회의의 동의 아래 시민에 의해 직접 선출되는 현, 군, 촌 단위의 지방자치위원회를 해산할 수 있는 권리를 보유했다. 외국과의 모든 조약 체결에 관한 발의권과 감독권도 대통령에게 주어져 있었다.

의회가 항상 무대 위에서 연기하고 매일매일 대중의 비판을 받기 쉬었던 반면, 대통령은 엘리제궁에서 고립된 생활을 영위한다. 그러한 생활 속에서 헌법 45조는 그의 눈앞에서, 그리고 그의 마음 한가운데서 매일 그에게 부르짖는다. "형제여, 심판의 날이 다가왔다!Frère, il faut mourir!"[7] 그대의 권력은 당선된 지 4년째 되는 아름다운 5월의 두 번째 일요일에 종말을 고하나니! 그때 그대의 영광도 끝이 날지니! 그것은 두 번 다시 연주되지 않는 작품이다. 만일 당신에게 채무가 있다면, 의회가 당신에게 지급하는 60만 프랑의 봉급으로 빚을 갚을 수 있는 이때를 놓치지 마라! 그렇게 하지 않을 경우, 모르긴 몰라도 그대는 사랑스러운 5월의 두 번째 월요일에 채무자들을 수용하는 끌리쉬Clichy 형무소로 가는 쪽을 택해야 할지니! ― 이렇게 헌법은 대통령에게 실질적 권력을 부여해 주었다면 의회에는 도

---

7   트라피스트 수도회의 수도승들은 이 말을 인사말로 사용했다. 트라피스트 수도원은 1664년에 조직되었는데, 그 계율의 엄격성과 수도승들의 금욕적 생활로 유명했다.

덕적 권력을 확보해 주고자 한다.

법조문을 통해 도덕적 권력을 창출하는 것이 불가능하다는 사실은 차치하고라도 헌법은 대통령이 모든 프랑스인의 직접선거를 통해 선출되게 함으로써 다시 한번 스스로를 폐지한다. 프랑스의 전 투표수가 750명의 국회의원들 사이에 나뉘어 있지만, 대통령의 경우 단 한 사람에게 집중되어 있다. 인민의 각 대표자는 단지 이런저런 정파 또는 특정 도시, 특정 교두보를 대표하고 있을 뿐이며, 심지어는 후보자의 인간 됨됨이나 그의 대의명분을 자세히 검토하지도 못하고 750개의 의석에 누군가를 선출해야 한다는 단순한 필연성을 대표하는 반면, 대통령은 국민 전체에 의해 선출된다.

대통령 선출 행위는 주권적 인민이 4년마다 한 번씩 하는 트럼프 놀이다. 선거에 의해 선출된 의회는 국민과 형이상학적 관계를 유지하고 있지만 대통령은 국민과 개인적 관계를 지닌다. 사실상 의회는 개별적 대표자들을 통해 국민정신의 다양한 측면을 나타내지만, 대통령 안에서는 국민정신 그 자체의 현신을 발견한다. 의회와 달리, 대통령은 일종의 신권을 보유한다. 한마디로, 그는 인민의 은총을 받은 대통령인 것이다.

바다의 여신 테티스는 아킬레우스에게 한창 젊은 나이에 죽을 것이라고 예언했다. 아킬레우스처럼 치명적 약점을 지니고 있는 헌법 또한 그와 마찬가지로 요절할 것이라는 불길한 예감을 느끼게 했다. 헌법을 제정하는 작업을 맡은 순수공화파들이 그들의 위대한 걸작품인 헌법의 완성에 다다를수록 이에 비례해서 왕당파와 보나파르트파, 민주주의자, 공산주의자들의 오만함과 자신들에 대한 불신이 나날이 늘어갔는가를 알아내기 위해서는 이상적 공화정이라는 그들의 숭고한 천국에서 속세를 향해 한 번만 눈길을 돌리는 것만으로도 충분하리라. 이를 위해 테티스가 바다를 떠나와 그들에게 그 비밀을 알려 줄 필요까지는 없다.

순수공화파들은 헌법 111조에 나타난 책략을 통해 자신의 운명을 비켜 가려 했다. 헌법 111조에 따르면 헌법 수정을 위한 동의안은 최소한 전 유권자의 4분의 3 이상의 지지를 받아야 하며 세 차례에 걸쳐 토론에 붙여져야 한다. 이때, 각각의 토론 사이에는 1개월의 휴지기가 있어야 하며 국회의원 500명 이상의 투표가 필요하다는 단서 조항이 함께 붙어 있다. 그들은 자신들이 소수파가 되리라는 것을 마음속에서는 이미 알고 있었으면서도 이렇게 함으로써 여전히 권력을 행사하려는 무기력한 시도를 하였다. 그들이 의회 다수파를 형성하고 정부권력의 모든 수단을 장악하고 있던 바로 그 순간에도 권력은 매일 조금씩 그들의 연약한 손아귀에서 빠져나갔다.

마지막으로 헌법은 멜로드라마와 같은 구절에서 "프랑스 전체 인민과 모든 개별 프랑스인의 경각심과 애국심"에 자신을 맡기고 있다. 그러나 이 조항 이전의 여러 다른 조항에서는 이상과 같은 "경각심 많고" "애국적인" 프랑스인들을 최고법원의 부드러운 형벌이라는 세심한 배려에 위임한다. 최고법원haut cour[8]은 정확히 이러한 목적을 위해 발명된 것이다.

이상과 같은 것이 1848년 헌법이었다. 이 헌법은 1851년 12월 2일, 머리에 의해 무너진 것이 아니라 모자가 단지 한 번 스쳐 지나가는 것만으로도 붕괴하기에 충분했다. 그 모자는 다름 아닌 나폴레옹의 삼각모자였다.

부르주아 공화파들이 헌법을 제정하고 표결에 붙이는 데 분주했던 한편, 의회 밖에서는 카베냐이 파리의 계엄령을 계속 유지하고 있었다. 파리의 계엄령은 제헌의회가 공화정 헌법을 낳는 산고를 겪을 때 일종의 산파 역할을 했다. 만약 헌법이 훗날 총검에 의해 폐지될 것이라면 다음과 같

---

8   1848년 헌법에 의해 설치된 정치범 재판소이다.

은 사실도 잊어서는 안된다. 헌법은 어머니의 태내에 있을 때부터 인민에게 겨누어진 총검에 의해 보호받았으며, 총검에 의해서만 세상에 나올 수 있었다는 점이다. 이 "존경할 만한 공화파"의 선조들은 그들의 상징인 삼색기를 유럽 전체에 전파했다. 그들은 차례로 또 하나의 발명품을 만들어 냈다. 그것은 저절로 전 유럽대륙을 여행했으며, 한층 새로워진 애정을 가지고 프랑스에 돌아와서는 프랑스 행정구역의 절반 이상에서 자연스러운 것으로 되었다. 그것은 바로 계엄령이다.

프랑스 혁명이 진행되는 가운데 나타난 모든 위기에서 주기적으로 등장한 것이 바로 이 뛰어난 발명품이었다. 주기적으로 프랑스 사회의 머리를 덮쳐 그 활동을 억압하고 무기력하게 만드는 막사와 병영, 또한 법관, 행정관, 수호자, 검열자로서 행동하고, 경찰의 역할을 떠맡으며, 야경꾼의 임무를 수행하도록 정기적으로 허락돼 온 군도와 머스킷 소총 그리고 주기적으로 자신이 사회의 최고 지혜이자 사회의 우두머리라고 떠벌이는 콧수염과 제복, 이 모든 것은 마침내는 자신의 체제가 최상이며 부르주아적 시민사회를 자기 통치라는 근심에서 완전히 벗어나게 함으로써 사회를 영원히 구원하는 편이 차라리 낫겠다는 생각에 사로잡히지 않았던가?

이러저러한 부르주아 도당의 명령에 따른 사회의 일시적 구원과 단순한 주기적 형태의 계엄령으로부터 얻을 수 있었던 것은 부상자와 사망자 그리고 몇몇 우호적 부르주아의 찡그린 얼굴을 제외하면 거의 알맹이가 없었던 반면, 병영과 막사, 군도와 머스킷 소총, 콧수염과 제복은 자신들이 이제 한 차원 수준 높은 봉사를 제공하고 이에 대한 보답으로 더 훌륭한 대가를 기대할 수 있게 됨에 따라 이상에서 언급한 그러한 생각에 더욱더 사로잡힐 수밖에 없었다. 결국 어느 날 군대가 자신의 이해관계에 따라, 그리고 스스로의 이익을 위해 계엄령을 선포하는 것과 함께 부르주아의 지갑을 강탈하지 않겠는가? 이왕 말이 나온 김에 한마디 덧붙이면 카베냐 휘하에서 군사위원회 의장을 지내고 1만 5천 명의 봉기 가담자들을 재판도 없이 추방시켰던 베르나르 대령이 지금 현재 파리에서 활약 중인 군사위원회의 우두머리로 있다는 사실을 결코 잊어서는 안 된다.

존경할 만한 순수공화파들은 파리의 계엄령을 통해 1851년 12월 2일의 근위병이 성장할 수 있는 온상을 제공했던 반면, 다른 한편으로 자신들이 국가권력을 장악하고 있을 때, 그들은 이제 루이 필리프 치하에서처럼 민족감정을 과장하는 대신 외세에 무릎 꿇었으며, 이탈리아를 해방시키는 대신 이탈리아가 오스트리아와 나폴리에 의해 재정복되도록 방치했던 점에서만큼은 찬사를 받을 만하다.[9] 1848년 12월 10일, 루이 보나파르트가 대통령에 당선됨으로써 카베냑의 독재와 제헌의회는 종말을 고했다.

헌법 44조에는 다음과 같이 적혀 있다. "프랑스 공화국의 대통령은 프랑스 시민으로서의 자격을 상실한 적이 있어서는 안 된다." 바로 그러한 프랑스 공화국의 초대 대통령인 루이 보나파르트는 프랑스 시민의 자격을 상실한 적이 있었을 뿐만 아니라, 영국의 임시경찰로 일한 적이 있으며 심지어는 귀화한 스위스인이기조차 했다.

나는 다른 곳에서 12월 10일 선거의 중요성에 대해 해명한 적이 있다.[10] 따라서 여기서 그 문제로 다시 돌아가지는 않을 것이다. 다만, 다음과 같은 사실을 언급하는 것만으로 충분하다. 12월 10일 선거는 2월 혁명

---

9 1849년 5월부터 7월까지 나폴리 왕국은 로마 공화국을 무력으로 침공했다. 보통선거로 선출된 로마 제헌의회는 1849년 2월 9일, 교황의 특권을 폐지하고 마찌니를 중심으로 공화정을 선포했다. 공화정이 존재하는 동안, 많은 부르주아 민주주의적 개혁이 단행되었다. 하지만 공화정의 제한된 계급적 성격으로 말미암아 대지주의 토지를 자영농 소유로 전환하지 못함으로써 토지개혁 정책은 실패로 끝난다. 그 결과, 공화정은 반혁명과의 투쟁에서 동맹세력인 농민의 지지를 상실하기에 이른다. 1849년 7월 3일 로마 공화국은 프랑스, 오스트리아, 나폴리의 침공으로 붕괴한다.

10 이 시기에 대한 마르크스 자신의 또 다른 저술인 『1848-1850년 프랑스에서의 계급투쟁』을 지칭한 것이다.

의 대가를 치러야 했던 농민들의 여타 계급에 대한 반동으로, 한마디로 도시에 대항한 농촌의 반동이었다는 사실이다. 12월 10일의 선거는 『나시오날』지의 공화파들이 영예도 추가 연금도 제공해 주지 않은 군대로부터, 보나파르트를 군주제로 나아갈 수 있는 가교로 환호했던 대부르주아로부터, 그리고 카베냑에 대한 복수로 보나파르트를 환영한 프롤레타리아와 쁘띠부르주아로부터 커다란 호응을 얻었다. 프랑스 혁명과 농민의 관계에 대한 좀 더 자세한 분석은 이 글 후반부에서 다시 언급할 기회를 가질 것이다.

1848년 12월 20일로부터 제헌의회가 해산한 1849년 5월에 이르는 기간은 부르주아 공화파의 몰락의 역사에 해당한다. 부르주아를 위해 공화정을 수립하고, 혁명적 프롤레타리아를 무대 밖으로 밀어내고, 민주파 쁘띠부르주아들을 당분간 침묵하게 만든 후에 정작 부르주아 공화파는 당연하게도 국가를 자신의 재산으로 접수한 부르주아 대중들에 의해 한쪽으로 밀려났다. 그런데 이 부르주아 대중은 바로 왕당파였다. 이들 일부는 대토지 소유자로 왕정복고 기간에 지배력을 행사했던 정통왕조파Legitimists[11]였고, 또 다른 일부는 금융귀족과 대산업가로서 7월 왕정 기간에 지배세력이었던 오를레앙파Orleanists[12]였다. 군대, 대학, 교회, 변호사회, 학술원, 그리고 언론 고위직은, 비록 비율은 다르지만 이 두 왕당파가 모두 차지했다.

왕당파는 부르주아 공화국에서 부르봉이나 오를레앙의 이름이 아닌 자본의 이름으로 공동지배 할 수 있는 국가 형식을 발견했다. 6월 봉기는

---

11 1792년까지 프랑스를 통치했고, 이후 복고왕정(1814-1830) 시기에 다시 통치했던 정통 부르봉 (Bourbon) 왕조의 지지자들을 말한다.

12 1830년 7월 혁명에서 1848년 2월 혁명 때까지 통치했던 루이 필리프 등 오를레앙가(Orleans)의 지지자들을 말한다.

이미 그들을 '질서당Party of Order'[13]으로 통합하게 했다. 이제 우선적으로 요청되는 필수적 임무는 여전히 의회 의석을 차지하고 있던 일단의 부르주아 공화파 무리를 제거하는 것이었다. 인민에 대해 물리력을 남용하는 것에서 나타난 바와 같이, 잔인할 뿐만 아니라 비열하며, 말하는 데 있어 소심하고 언제나 상심해 있으며, 투쟁을 이끌어 갈 능력도 없는 순수공화파는 행정부와 왕당파에 대항해 공화주의와 자신의 입법권을 유지하는 것이 문제가 된 지금 이 순간, 바로 퇴각했다. 나는 여기서 순수공화파의 몰락이라는 수치스러운 역사를 언급할 필요성을 느끼지 못한다. 그들은 패배한 것이 아니라 단지 사라져 버린 것이다. 그들의 역사는 영원히 종말을 고했고 이어지는 시기에 의회 안팎에서 그들은 단지 기억으로만, 즉 공화국이라는 명칭만이 다시 한번 쟁점으로 등장하고, 혁명적 갈등이 최저 수준으로 떨어질 때 다시 생명력을 얻게 되는 그러한 기억 속에서만 나타날 뿐이었다. 나는 이 공화파에 그러한 이름을 부여했던 『나시오날』지가 다음 시기에는 사회주의로 전향했다는 말만 간단히 언급하고자 한다.

이 시기에 관한 논의를 끝내기 전에 다음 두 세력에 관해서 회고할 가치가 있다. 이 두 세력은 1848년 12월 20일부터 제헌의회가 막을 내릴 때까지 동반자적 관계를 유지해 왔으나 1851년 12월 2일 쿠데타를 통해 한 세력이 다른 세력을 제거해 버렸다. 두 세력이란 바로 루이 보나파르트와 대大부르주아계급을 기반으로 하는 연합왕당파 정당인 질서당을 말한다.

대통령에 취임하자마자 보나파르트는 즉각 질서당으로 내각을 구성했고, 그 내각 수반에 의회 부르주아 가운데 가장 자유주의적 성향을 지

13　프랑스의 두 군주제를 옹호하는 정통왕조파와 오를레앙파가 연합한 정당. 보수적 대지주와 금융·산업대부르주아의 연합정당으로 1848년 2월 혁명 이후 생겼다. 이들은 1849년부터 1851년 12월 2일 보나파르트 쿠데타까지 제2공화정의 압도적 다수파로서 의회독재를 주도했다.

닌 분파의 과거 지도자(이 점에 유의하라!) 오딜롱 바로를 임명했다. 바로는 1830년 이래로 자신의 마음을 유령처럼 사로잡아 왔던 장관직을 확보했고 한 걸음 더 나아가 드디어 내각 수반이 된 것이다. 그러나 그의 업무는 루이 필리프 치하에서 상상해 오던 대로 의회 내 반대파의 가장 진보적 지도자로서가 아니라, 의회를 죽음으로 몰아넣어야 할 임무를 띠고 그의 주적이었던 예수회와 정통왕조파와의 연합을 통해서만 가능한 일이었다. 바로는 신부新婦를 집에 데려왔지만, 그녀는 이미 몸을 판 후였다. 보나파르트 자신은 완전히 표면에서 물러난 것처럼 보였고, 질서당이 그를 대신해 통치했다.

첫 번째 내각회의에서는 로마 원정이 결의되었다. 내각은 이 원정을 의회 몰래 수행해야 하며, 따라서 군사원정에 드는 비용은 거짓 구실을 꾸며 내 의회에서 뜯어내야 한다는 데 의견이 일치했다. 이와 같이 내각은 의회를 기만하기 시작했고, 국외의 절대주의 열강세력과 비밀리에 공모해 혁명적 로마 공화국에 대항했다. 같은 방법으로, 그리고 동일한 계략으로, 보나파르트는 왕당파 의회와 입헌공화국에 대항해 12월 2일의 쿠데타를 준비했다. 1848년 12월 20일 보나파르트의 내각을 구성한 그 정당이 1851년 12월 2일에는 의회 다수파를 형성했다는 사실을 잊어서는 안 된다.

1849년 8월, 헌법을 보완할 일련의 관계법을 제정하고 반포한 직후, 제헌의회는 해산을 의결했다. 1849년 1월 6일에 질서당은 라또 의원을 통해 제헌의회는 헌법과 관련한 부속관계법은 손대지 말고 제헌의회 자신의 해산을 결정해야 한다는 동의안을 제출했다. 오딜롱 바로가 수반으로 있는 내각뿐만 아니라 의회의 왕당파 전체가 다음과 같은 내용을 제안하면서 제헌의회를 위협했다. 신뢰 회복과 질서의 공고화를 위해, 그리고 불안정한 임시적 상황을 종식하고 명확한 상태를 확립하기 위해 제헌의회의 해산이 불가피하다는 것이다. 또한 제헌의회는 새 정부의 효율적 운영에 저해가 되며 옳지 못한 방법으로 자신의 존속 기간을 연장하려 한 결과 국가 전체가 제헌의회에 대해 염증을 느끼고 있다는 것이다. 보나파르트는 입법부에 대한 이러한 식의 저주를 귀담아듣고 머리에 잘 새겨 두었다가 1851년 12월 2일에 왕당파에게서 배운 그대로 그들에게 증명해 보였다. 보나파르트는 왕당파에 대항해 왕당파 자신의 표어를 반복해서 말했던 것이다.

바로 내각과 질서당은 한 걸음 더 나아갔다. 이들은 프랑스 전역에서 제헌의회의 해산을 정중히 요구하는 청원을 조직했다. 이렇게 해서 그들은 비조직화된 대중을 입헌적으로 조직된 인민의 의사인 의회에 대한 공격으로 몰아넣었다. 그들은 보나파르트에게 의회가 아니라 대중에 호소하는 법을 가르쳐 주었다.

1849년 1월 29일, 드디어 제헌의회가 자신의 해산 문제를 결정해야 하는 날이 도래했다. 회의가 열리는 국회의사당은 군대에 의해 점령됐다. 국민방위군 및 정규군의 통수권을 모두 갖고 있던 질서당 장군 샹가르니에는 마치 전쟁이라도 임박해 있는 양 파리에서 군대를 사열했다. 연합왕당파는 사태가 여의찮을 경우 무력이 개입할 수도 있다고 제헌의회를 협박했다. 곁국 제헌의회는 그들의 뜻에 따랐고 공화파들은 조금이라도 생을 연장하기 위해 협상에 임했다.

1849년 1월 29일의 사건이 보나파르트와 결탁한 왕당파가 공화주의적 제헌의회에 대항해 수행된 것이라는 점을 제외하면 1851년 12월 2일의 쿠데타와 도대체 어떤 차이점이 있는가? 사람들은 보나파르트가 1849년 1월 29일의 사태를 모방해 튈레리궁 앞에서 군대를 사열했고, 칼리굴라를 연상시키듯 의회권력에 대항해 최초로 공공연하게 군대를 동원한 이 사태를 단지 탐욕스럽게 포착했을 뿐이라는 사실을 깨닫지 못했고 깨달으려 하지도 않았다. 확실히 그들의 눈에는 샹갸르니에만 보였을 뿐이다.

질서당이 제헌의회의 존속 기간을 강제로 단축하기로 결심하는 데 작용한 각별한 동기는 바로 교육에 관한 법률, 신앙에 관한 법률 등과 같이 헌법을 보완하는 관계법 때문이었다. 연합왕당파에게 무엇보다 중요한 것은 이미 믿을 수 없게 된 공화파에게 그 법을 작성하도록 맡겨 두어서는 안되고, 그들 스스로가 이 법률을 작성해야 한다는 점이었다. 그런데 이러한 관계법 가운데에는 공화국 대통령의 책임과 의무에 관한 법률도 있었다. 1851년에 왕당파 의회는 그 법률을 작성하는 데 여념이 없었다. 바로 그때 보나파르트는 왕당파의 도발에 선수 쳐서 12월 2일 쿠데타를 일으킨 것이다. 의심 많고 적개심에 불타는 순수공화파가 제헌의회에서 입법화하려 했던 대통령 책무법을 1851년 국회 겨울회기에 왕당파가 즉각 사용할 수 있었다면 그들은 어떤 희생도 마다하지 않았을 것이다!

1849년 1월 29일, 제헌의회가 최후의 무기마저 스스로 포기해 버리고 난 뒤에도 바로 내각과 질서의 친구들은 제헌의회를 끝까지 추격하여 제헌의회에 굴욕감을 줄 수 있는 일이라면 무엇이든 가리지 않고 자행했으며, 무기력하고 자포자기 상태에 있는 제헌의회로부터 법률들을 박탈하여 대중들이 제헌의회를 존경의 눈으로 바라볼 수 있는 최후의 흔적마저 앗아 갔다.

나폴레옹 사상에 대한 자신의 고정관념에 골몰해 있던 보나파르트는 의회권력의 몰락을 공개적으로 이용할 정도로 대담해져 있었다. 1849년 5월 8일, 의회가 우디노 장군이 치비타베키아Civitavecchia를 점령한 사태 때문에 내각 견책결의안을 통과시키고, 내각에 로마 원정 본연의 목표[14]에

14 　프랑스 정부는 1849년 4월 이탈리아에 원정군을 파병하기 위해 제헌의회로부터 원정 비용을 승인받았다. 이 원정의 목적은 명목상으로는 로마 공화국을 방어하고 오스트리아에 저항하고

충실할 것을 명령했을 때, 보나파르트는 같은 날 저녁『모니뙤르』지에 우디노에게 보낸 편지를 공개했다. 그 편지에서 보나파르트는 우디노의 영웅적 행동을 치하했으며 삼류 문사인 의회주의자들과는 대조적으로 그때부터 이미 군대에 관한 관대한 보호자로 행세했다. 왕당파들은 이와 같은 일에 대해 미소를 보냈다. 그들은 보나파르트가 자신들에게 기만당하고 있다고 생각했다. 마침내 제헌의회 의장 마라스트가 의회의 안전이 위협받고 있다고 판단하여 헌법에 따라가 지휘관 한 명과 연대 병력의 출동을 요청했다. 해당 지휘관은 결정을 보류한 채 이 문제는 샹가르니에 장군과 논의하는 것이 좋겠다고 제안했다. 샹가르니에는 이성적이기만 한 군대는 좋아하지 않는다는 경멸적 말로 제헌의회 의장의 요청을 거부했다.

1851년 11월, 연합왕당파가 보나파르트와의 결정적 투쟁을 개시하고자 했을 때, 그들은 국회의장이 군대를 직접 징집할 수 있는 권한을 행사할 수 있는 그들의 악명 높은 감사위원 법안을 관철시키고자 했다. 왕당파 장군 가운데 한 사람인 르 플로가 그 법안에 서명했다. 샹가르니에도 찬성표를 던졌고, 띠에르는 이전의 제헌의회가 지녔던 통찰력 있는 지혜에 경의를 표했지만 모두 헛된 일이었다. 육군장관 생타르노는 샹가르니에가 마라스트에게 한 것과 똑같은 방법으로 르 플로의 제안을 거부했다. 그것도 산악당의 환호 속에서!

이처럼 질서당은 아직 의회를 장악하지 못하고 여전히 내각에 머물러 있었을 때, 스스로 의회체제에 오점을 남겼다. 1851년 12월 2일 프랑스에서 의회체제가 추방당했을 때 그들은 비명을 내질렀다!

의회가 행복한 여행을 하길 바란다!!

있는 피에몬트를 지원하는 것이었으나 실제 목적은 로마 공화국을 침공하여 교황의 특권을 복구하기 위한 것이었다.

III

　1849년 5월 28일, 입법국민의회가 개원했다. 1851년 12월 2일, 입법국민의회는 해산했다. 이 시기가 입헌 또는 의회 공화국의 전 생애이다.

　1차 프랑스 혁명에서 입헌주의자의 지배는 지롱드파로 넘어갔고, 다시 자코뱅이 지롱드파의 지배를 이어 받았다. 이들 각 당파는 보다 진보적 정파의 지지에 의존해 있었다. 각 당파는 혁명을 진척시켰고 자신이 더 이상 거기에 따라갈 수 없게 되자, 자신의 후방에 자리 잡고 있던 한층 과감한 동맹세력에 의해 축출되었고, 단두대로 보내졌다. 혁명은 이와 같이 상승곡선을 따라 움직였다.

　1848년의 혁명은 그 반대다. 프롤레타리아 정당은 쁘띠부르주아 민주파 정당의 부속물로 출현한다. 4월 16일, 5월 15일 그리고 6월 봉기의 시기에 프롤레타리아 정당은 민주파 쁘띠부르주아 정당으로부터 배반당하고 밀려난다. 민주당파는 이번에는 부르주아 공화파에 의지한다. 부르주아 공화파는 자신들이 확고한 지위를 차지했다고 확신하자 귀찮게 구는 민주파 동료들을 털어 버리고 질서당의 어깨에 기댄다. 질서당은 부르주아 공화파를 팔꿈치로 밀어내고 그들이 몰락하도록 했으며 자신은 군대에서 지지를 구한다.

질서당은 어느 화창한 날 아침, 자신들이 기대고 있는 어깨가 총검으로 돌변해 있음을 느끼면서도 여전히 [자신들이] 군대를 장악하고 있다는 환상에 젖는다. 각 당파는 자신의 후방에 있는 세력은 돌려 차면서 맹렬히 공격을 가하고 자신을 밀쳐 내는 앞쪽 세력의 등에 기댄다. 이처럼 우스꽝스러운 자세로 인해 각 당파가 균형을 잃고 어쩔 수 없다는 식의 찡그린 표정을 지은 채 괴상한 행동을 하면서 몰락해 간다는 것은 그리 놀랄 만한 일이 아니다. 혁명은 이렇게 하강곡선을 따라 움직인다. 각 정파는 2월의 마지막 바리케이드가 치워지고 최초의 혁명정부가 세워지기도 전에 이미 이러한 퇴행적 상황에 도달해 있는 스스로를 발견한다.

우리가 지금 살펴보려는 시기는 극심한 모순이 가장 뒤죽박죽으로 엉켜 있는 그러한 시기이다. 헌법에 반대해 공공연하게 음모를 꾸미는 입헌주의자들, 명백히 입헌주의적 견해를 가진 혁명가들, 전지전능하기를 원하면서도 언제나 의회로만 남아 있는 국민의회, 인내가 자신의 소명임을 발견하고 미래에 있을 승리를 예언하면서 현재의 패배를 감내하는 산악당, 공화정에 원로원을 구성하고 국외에서는 상황에 의해 어쩔 수 없이 서로 적대적 왕가에 충성하면서도 프랑스 안에서는 그들이 증오하는 공화국을 유지해야 하는 왕당파, 자신의 약점 자체에서 힘을 발견하고 스스로가 야기한 경멸에서 존경을 찾아내는 행정부, 복고왕정과 7월 왕정이라는 두 군주정의 파렴치함을 합쳐 놓은 데다 제국의 딱지가 붙어 있는 공화정, 분열이 첫 번째 단서 조항인 동맹들, 제1 법칙이 우유부단인 투쟁들, 혁명의 이름으로 행해지는 평온에 대한 가장 엄숙한 설교, 진실 없는 열정, 열정 없는 진실, 영웅적 행위가 없는 영웅, 사건 없는 역사, 달력만이 유일한 추진력인 듯 동일한 긴장과 이완의 부단한 반복에 지쳐 있는 발전, 주기적으로 절정에 올랐다가 해소되지도 못한 채 첨예한 맛을 상실하고 쇠퇴하는 대립들, 세계 종말과도 같은 위기의 시기에 가식적으로 펼쳐진 노력과 속물적 공포, 동시에 될 대로 되라는 점에서는 최후의 심판보다는 프롱드Fronde의 난亂[1] 시대를 상기시켜 주는 세계 구원자들에 의해 상연되는 지극히 사소한 음모와 궁중 희극, 한 개인의 교활한 어리석음 때문에 훼손된 프랑스라는 공식적인 집단적 천재, 한 해적의 자유의지를 통해 발견되기까지는 보통선거를 통해 등장할 때마다 대중의 이해에 언제나 적대적이었던 자들을 통해 그 적절한 표현 방법을 구하고자 했던 국민의 집단의지.

만약 역사의 한 부분이 온통 회색으로 칠해진 적이 있다면 그것은 바로 이 시기라고 할 수 있다. 인간과 사건은 마치 슐레밀Schlemihls[2]과 같이 몸체를 잃어버린 그림자들처럼 보였다. 혁명 자체가 혁명을 담지한 자들을 무력화하고 혁명의 적대자들에게는 열정적 힘을 가져다주었다. 반혁명주의자들이 끊임없이 주문으로 불러내서는 다시 내쫓아 버린 "붉은 망령"이 마침내 나타났을 때, 그것은 머리에 무정부의 프리지아 모자를 쓰고 나타난 것이 아니라 붉은 바지, 다름 아닌 질서의 제복을 입고 있었다.

우리는 앞에서 보나파르트가 그의 승천일[3]인 1848년 12월 20일에 임명한 내각은 질서당의 내각이며, 정통왕조파와 오를레앙파의 연합내각이었음을 살펴본 적이 있다. 제헌의회의 생명을 다소 폭력적인 방식으로 단축시킨 바로-팔루 내각은 공화파 제헌의회보다 오래 살아남아 계속 실권을 장악했다. 연합왕당파의 장군 샹가르니에는 제1사단의 지휘권과 파리 국민방위군의 지휘권을 통합하여 한 손에 장악했다. 마지막으로 총선이

---

1 프롱드의 난은 1648년 9월, 프랑스에서 루이 14세의 나이가 어려서 황녀 안느가 섭정하던 시기, 절대주의 체제에 반대해 일어난 미온적이고 산발적인 반정부 운동이었다. 초기에는 의회 내 프롱드파인 부르주아가, 나중에는 왕족 프롱드파인 상층 귀족이 운동을 지도했다.
2 독일의 낭만파 시인으로 봉건적 반동에 반발한 샤미소(1781-1838)의 우화 『피터 슐레밀의 진기한 이야기』에 나오는 주인공. 그는 자신의 그림자를 마술주머니와 맞바꾼다.
3 대통령 관저인 엘리제궁으로 이사한 날을 마르크스가 은유적으로 표현한 것이다.

질서당에 의회 내 다수당의 지위를 가져다주었다. 여기서 루이 필리프를 따르는 의원 일파는 신성한 한 무리의 정통왕조파 무리와 조우했다.

유권자들의 수많은 투표용지가 바로 이들 정통왕조파 패거리가 정치 무대로 진입할 수 있는 입장권 구실을 했다. 보나파르트를 따르는 의원 숫자는 매우 적어 독자적 의회세력을 형성할 수 없었다. 그들은 질서당의 보잘것없는 부속물로 여겨졌다. 질서당은 행정부와 군대, 그리고 입법부, 요컨대 국가권력 전체를 장악했다. 이들의 권력 장악에 도덕적 힘을 제공해 준 것은 마치 국민의 뜻에 의한 지배처럼 가장한 총선과 유럽대륙 전체에서 동시에 이루어진 반혁명의 승리였다.

지금까지 어떤 정당도 이보다 풍부한 자원과 유리한 조건 아래서 전투를 개시한 적은 없었다.

좌초한 순수공화파는 입법의회에서 약 50석의 의석을 차지한 도당으로 전락했다. 아프리카 원정부대의 장군들인 카베냑, 라모리씨에르, 브도 등이 그 당의 지도자였다. 가장 강력한 야당은 산악당으로 사회민주당이 이와 같은 의회 내 세례명을 사용했다. 그들은 국민의회 총 750석 가운데 200여 석 이상을 차지했고, 따라서 적어도 질서당의 세 분파 가운데 어떤 한 분파만큼은 강력했다. 연합왕당파 전체와 비교해 볼 때 나타나는 산악당의 수적 열세는 특수한 환경에 의해 보상받는 것처럼 여겨졌다. 지방선거는 산악당이 농촌인구 가운데 상당수의 지지자를 보유하고 있음을 보여 주었고, 파리에서 선출된 의원들 또한 대부분 산악당이었다.

군대는 3명의 산악당 소속 하사관을 선출함으로써 그들의 민주주의적 신념을 고백한 셈이었다. 모든 질서당 의원과 대립하는 산악당 지도자 르드뤼롤랭이 의회에 진출하게 된 것 역시 5개 현이 공동으로 그에게 표를 던짐으로써 가능했다. 왕당파 내부 그리고 질서당과 보나파르트 사이에 발생하게 될 불가피한 충돌이란 견지에서 본다면, 산악당은 1849년 5월

28일 이전에는 승리할 수 있는 모든 요소를 갖추고 있는 것으로 보였다. 그러나 2주 후 산악당은 그들의 명예를 포함해 모든 것을 잃어버렸다.

당시의 의회사를 더 추적하기에 앞서 우리 앞에 놓여 있는 시대의 전반적 특징에 관한 공통된 착각을 피하기 위해 추가적으로 몇 가지 더 언급할 게 있다. 민주파의 관점에서 본다면, 입법의회 시기 역시 제헌의회 시기와 마찬가지로 단지 공화파와 왕당파 사이의 투쟁으로 다루어져야 한다. 민주파는 그와 같은 움직임 자체를 단 하나의 진부한 구호로 요약했으니, 그것은 "반동", 곧 어둠이다. 하기야 밤에는 모든 고양이가 잿빛이며, 따라서 그들은 야경꾼의 상투적인 말을 쉽게 늘어놓을 수 있다.

얼핏 보기에도 질서당은 상이한 양대 왕당파 파벌들의 집단으로, 서로 적대하여 음모를 획책하는 각각의 세력은 자기파 왕위 계승 요구자를 권좌에 앉히고 반대파 왕위 계승 요구자를 제거하기 위한 노력을 기울이지만, "공화정"에 대한 공통의 증오와 공동 공격이라는 목표 아래서는 단결한 듯 보인다. 왕당파의 왕정복고 음모에 반대한다는 점에서 산악당은 산악당대로 "공화정"의 대변자로 여겨진다. 질서당은 끊임없이 "반동"에 몰두한다. 그것은 언론과 결사의 자유 등과 같은 것을 겨냥하는데, 이는 관료와 헌병 및 법정에 의한 무자비한 경찰력 개입의 형태로 자행되는 프로이센의 사정과 조금도 다를 바 없다. "산악당"은 질서당의 이러한 공격을 막아 내고, 모든 인민의 당이 다소 차이는 있지만, 적어도 한 세기 반 동안 수행해 온 "인간의 항구적 권리"를 수호하는 일에 계속 종사한다. 그러나 구체적 상황과 각 당파를 조금 더 자세히 관찰해 보면, 이 시대의 독특한 특징 및 계급투쟁을 가리고 있는 그런 식의 피상적 외양은 사라지게 된다.

앞에서 언급한 바와 같이 정통왕조파와 오를레앙파는 질서당의 양대 파벌을 형성하고 있었다. 이들 파벌이 서로 자신의 왕위 계승 요구자를 고수하고, 백합과 삼색기, 부르봉가와 오를레앙가, 다시 말해서 서로 다른 색조의 왕조주의로 서로를 분리시키는 행위를 하는 이유는 무엇 때문일까? 그것은 진부한 왕조주의적 신앙고백에 지나지 않는가? 부르봉가의 지배 아래서는 대토지 소유계급이 성직자들과 그리고 그들에게 충성을 맹세한 자들과 함께 통치했다. 오를레앙가, 그러니까 루이 필리프의 지배 아래서는 금융귀족, 대자본가, 대규모 상인 등 한마디로 자본이 법률가, 교수, 그리고 부드러운 혀를 가진 변론인들을 하수인 삼아 통치했다. 정통파 왕정은 대지주에 의한 세습지배의 정치적 표현에 불과한 것이며 7월 왕정은 부르주아 졸부狒富들이 찬탈한 권력의 정치적 표현이다.

따라서 왕당파에 속한 두 정파를 구분할 수 있는 것은 이른바 원칙에 있었던 것이 아니다. 그것은 오히려 그들 존재의 물적 조건, 다시 말해서 상이한 두 종류의 재산과 오래전부터 도시와 농촌 사이에 있어 온 대립, 즉 자본과 토지 소유의 적대에 있었다. 동시에 과거의 기억, 개인적 원한, 공포와 희망, 편견과 환상, 동정과 혐오, 신념, 신조와 원칙 등의 조항 등, 이 모든 것이 두 정파를 이런저런 왕가 아래로 결집하게 해 주었다는 사실, 이 사실을 그 누가 부정할 수 있겠는가? 상이한 부의 형태와 사회적 존재조건, 그 위에 본능과 독특한 형태의 감정, 환상 그리고 사고방식과 인생관이라는 상부구조가 놓여 있는 것이다. 계급 전체가 물질적 기초와 이에 상응하는 사회적 관계로부터 이러한 상부구조를 창출하고 형성한다.

전통과 교육을 통해 상부구조를 전수받은 한 개인의 입장에서는 자기 행위의 진정한 동기와 출발점을 만든 것이 이러한 상부구조라고 상상할는지도 모른다. 오를레앙파와 정통왕조파 모두 스스로에게, 그리고 다른 사람들에게 그들을 분리시킨 것이 두 왕가에 대한 충성심 때문임을 믿게 하려 했으나, 이후에 전개된 사건들은 이 두 왕당파의 통합을 방해한 것이 오히려 그들의 상반된 사회경제적 이해관계였다는 점을 증명해 준다. 사회생활을 하는 데 있어 사람들은 어떤 한 개인이 자신에 관해 생각하고 말하는 것을 실제 그가 어떤 인간이며 그가 행하는 바가 무엇인가 하는 것과 구분해서 받아들인다. 이와 동일하게 역사상의 여러 투쟁에 있어 각 정파들이 내건 구호 및 이상과 그들의 실제 구조와 현실적 이해관계는 한층 더 구분되어야 하며, 그들이 스스로에 대해 갖는 여러 관념과 그들의 실제 모습 간에는 보다 분명한 구분이 있어야 한다.

오를레앙파와 정통왕조파는 공화정 체제 아래서 똑같은 요구를 하면서 어깨를 나란히 했다. 만약 어느 한 당파가 다른 한쪽에 대항해 자기편 왕가의 복고를 관철하려 했다면 그것은 토지 재산과 자본으로 나뉘어 있는 부르주아계급의 두 가지 거대한 이해관계 가운데 어느 하나가 우월성을 확보하고 다른 한쪽을 종속적 지위로 전락시키려 의도한다는 것을 의미할 뿐이다.

우리는 지금 부르주아의 두 가지 이해관계만을 언급하고 있다. 대토지소유는 봉건적인 짙은 화장과 혈통적 자부심에도 불구하고 근대사회가 발전함에 따라 철저하게 부르주아화되었기 때문이다. 영국에서 토리당 또한 위기의 시대가 자신들로 하여금 그들의 열광적 관심 대상이 오직 지대에 불과하다는 사실을 고백하도록 하기 전까지는 자신들이 왕정과 교회와 구舊 영국 헌법의 아름다움에 심취해 있다고 오랫동안 상상해 왔다.

연합왕당파는 의회 밖에서, 신문 지상에서, 엠스Ems[4]에서, 그리고 클레어몬트Claremont[5]에서 서로를 향한 음모를 실행에 옮겼다. 무대 뒤에서 그들은 각각 오를레앙파와 정통왕조파의 옛 의상을 입고 다시 한번 지나간 시절의 마상결투를 벌였다. 그러나 그들은 의회의 최대 정파로서 공개석

---

4 독일에 있는 온천. 1849년 8월에 이곳에서 정통왕조파의 회합이 열렸다. 여기에는 앙리 5세라는 이름으로 프랑스 왕위를 요구하고 있던 샹보르 백작도 참가했다.
5 런던 근교의 성으로 루이 필리프가 프랑스에서 망명하여 거주한 곳이다.

상에서, 그리고 국사극을 공연할 때마다 겉치레 인사로만 왕가에 대한 그들의 존경심을 대신했으며, 정작 왕정복고 문제는 무기한 연기했다. 그들은 정치적 명칭이 아닌 질서당이라는 사회적 명칭으로 자신의 고유한 임무를 수행했다. 한마디로 그들은 기사수업을 받은 자로서가 아니라 부르주아 세계질서의 대변자로, 공화파와 대결하는 왕당파가 아니라 여타의 계급들에 대항하는 부르주아계급으로 행동했다.

다른 한편, 제도권, 그러니까 질서당으로서의 왕당파는 이전의 왕정복고 시대 또는 7월 왕정 아래서보다 한층 무제한적이고 강력한 지배를 사회 내 다른 계급에 대해 행사했다. 이러한 지배는 대체로 의회 공화정의 형태로만 가능했다. 왜냐하면, 오직 의회 공화정의 형태 아래에서만 프랑스 부르주아의 양대 분파가 단결할 수 있었고, 따라서 부르주아의 어떤 특권적 분파의 지배 대신에 그들 계급 전체의 지배를 그 시대의 질서로 삼을 수 있었기 때문이다.

그럼에도 불구하고 그들이 질서당의 일원으로서 공화정을 모욕하고 공화정에 대한 반감을 표시했다면, 그것은 단순히 왕당파적 추억에서 기인한 것만은 아니었다. 그들의 계급적 본능은 충분히 올바르게도 공화정이 자신들의 정치지배를 완전하게 만들어 줄 것이지만, 동시에 공화정은 그들의 사회기반을 잠식할 것이라는 점을 가르쳐 주었다. 이제 그들은 종속계급과 대결해야 하며, 그것도 아무 중재자 없이, 계급투쟁을 가리는 왕관이라는 은폐물 없이, 그리고 자기들 사이에서 벌어지는, 다시 말해 군주제에 맞선 보다 중요성이 덜한 투쟁을 통해 국민의 이해관계를 다른 곳으로 돌릴 겨를도 없이 종속계급과 전투를 치러야 했기 때문이다. 이런 약점을 의식하고 있었다는 사실이야말로 자신의 계급지배의 순수한 조건으로부터 그들이 한걸음 물러서게 된 이유이며, 한층 불완전하고 덜 발전된, 그리고 그러한 점에서 정확히 위험성이 덜 한 군주제라는 지배 형태를 갈망한 이유였다.

반면 연합왕당파는 그들과 대립하는 또 다른 한 명의 왕위 계승 요구자인 보나파르트와 대립할 때마다, 그리고 그들의 무한한 의회권력이 행정권력에 의해 위협받고 있다고 믿을 때마다, 따라서 항상 그들의 지배로부터 정치적 근거를 이끌어 내야 할 때마다, 매번 왕당파가 아니라 공화파로 등장한다. 그것은 국회에서 공화정이 그들을 가장 덜 분열시킨다고 질서당 의원들의 주의를 환기시킨 오를레앙파 띠에르로부터 1851년 12월 2일 삼색 띠를 온몸에 두른 채 파리 제10구역 집회에 모인 군중들에게 공화정의 이름으로 열변을 토한 베리에에 이르기까지 한결같았다. 하지만 그에게 확실히 돌아간 것은 "앙리 5세! 앙리 5세!"와 같은 조롱 조의 메아리뿐이었다.

연합부르주아에 대항해 쁘띠부르주아와 노동자의 연합이 이루어졌다. 이른바 사회민주당social-democratic party이 바로 그것이다. 쁘띠부르주아는 1848년의 6월 사건 이후 자신들이 아무런 보상도 받지 못했다는 점을 간파했다. 또한 그들의 물질적 이해관계가 위협받게 되었으며 이와 같은 물질적 이해관계의 실현을 보장해 주는 제반 민주주의적 보장책이 반혁명으로 인해 의문시되고 있다는 사실을 깨달았다. 따라서 쁘띠부르주아는 노동자들에게 한층 가까이 접근했다.

쁘띠부르주아계급의 의회 내 대표인 산악당은 부르주아 공화파의 독재 기간 동안 한쪽으로 밀려나 있었으나 제헌의회 활동 후반기에 보나파르트와의 투쟁 및 왕당파 각료들과의 투쟁을 통해 잃었던 인기를 만회했다. 이들은 사회주의 지도자들과 동맹을 맺었다. 1849년 2월에는 사회주의자들과 민주주의자들의 화해를 환영하는 연회가 열렸다. 공동강령이 마련되고 연합선거위원회가 발족했으며 공동후보가 추천되었다. 프롤레타리아의 사회적 요구로부터 혁명적 요소가 사라지고 민주주의적 요소가

[이를] 대신했다. 쁘띠부르주아의 민주주의적 주장에서 순수하게 정치적인 형태가 사라지고 사회주의적 요소가 두드러졌다. 이렇게 해서 등장한 것이 바로 사회민주주의다.

이런 결합의 결과로 출현한 새로운 산악당은 노동자계급 출신의 몇몇 단역과 사회주의 정파에서 온 몇몇 사람을 제외한다면 과거의 산악당과 동일한 요소를 가지고 있었으며 단지 수적으로만 보강되었을 뿐이다. 그러나 발전 과정에서 산악당은 자신들이 대표하는 계급을 교체했다. 사회민주주의의 독특한 성격은 다음과 같은 사실로 요약할 수 있다. 그것은 바로 민주공화제가 자본과 노동이라는 양극단을 폐지하기 위한 수단으로서가 아니라, 양자 사이의 적개심을 무디게 하고 조화롭게 하기 위한 수단으로 요구되었다는 점이다. 이 목적을 위해 제안된 수단이 아무리 다양하고, 그와 같은 수단이 아무리 다소의 혁명적 용어로 치장한다 하더라도 내용은 변함없이 그대로였다. 그 내용인즉, 사회를 민주적 방식으로 개혁하되 단지 쁘띠부르주아계급의 범주를 벗어나지 않는 한도 내에서의 개혁이다.

우리는 쁘띠부르주아가 원칙에 있어서 자신들의 이기적 계급이해를 관철하기만을 원한다는 식으로 협소하게 생각해서는 안 된다. 오히려 쁘띠부르주아는 자신들의 해방을 위한 특수한 조건이 근대사회를 구원하고 계급투쟁을 회피할 수 있는 유일한 일반적 조건이라고 믿는다. 또한 민주파 대변자들 모두가 소상인이거나 소상인의 열성적 대표자라고 생각해서도 안 된다. 그들은 교육 정도나 개인적 처지에 따라 천차만별이다. 그들을 쁘띠부르주아의 대변자로 만드는 것은 쁘띠부르주아가 생활 속에서 벗어나지 못하는 여러 한계를 이들 또한 마음속으로 극복하지 못하며, 그 결과 물질적 이해와 사회적 지위가 쁘띠부르주아로 하여금 실천적으로 끌려들어 갈 수밖에 없게 하는 이론적으로 동일한 문제와 해결책으로 이끌려 들어가게 하기 때문이다. 대체로 이것이 한 계급의 정치적·문필적 대변자와 그들이 대변하고자 하는 계급과의 관계이다.

이 같은 분석을 전제했을 때, 산악당이 질서당과 공화정 및 소위 '인간의 권리'를 두고 투쟁한다면 그러한 투쟁의 최종 목표는 공화정도 인간의 권리도 아니라는 사실이 명백하다. 그것은 마치 누군가 자신을 무장해제시키려 할 때 마땅히 그것에 저항해야 할 군대가 무기를 사용하지 않은 채 단지 계속 보유하기만 하기 위해 출정하지 않는 것과 동일하다.

입법국민의회가 개원하자마자 질서당은 산악당에 도발을 개시했다. 부르주아는 1년 전에 혁명적 프롤레타리아를 제거해야 한다고 느꼈듯이 이제는 민주파 쁘띠부르주아를 제거해야 할 필요성을 인식했다. 단지 적이 처해 있는 상황이 다를 뿐이었다. 프롤레타리아의 힘은 거리에 있었지만 쁘띠부르주아의 힘은 의회 안에 자리 잡고 있었다. 따라서 관건은 쁘띠부르주아를 국회에서 거리로 유인해 이들이 결속할 수 있는 시간과 상황이 주어지기 전에 그들 스스로 자신들의 의회권력을 파괴하게끔 하는 것이었다. 산악당은 함정을 향해 줄달음치고 있었다.

프랑스 군대의 로마 포격은 산악당을 유인하는 미끼였다. 로마 포격은 헌법 전문 제Ⅴ조[6] 위반이었다. 헌법 제Ⅴ조는 프랑스 공화국이 다른 국민의 자유에 적대하여 군사력을 사용하는 행위를 금했다. 여기에 덧붙여 헌법 제54조에 따르면 의회의 동의 없이는 행정부가 어떤 선전포고도 할 수 없도록 규정해 놓고 있으며, 5월 8일의 결의에 따라 제헌의회는 로마원정안案을 부결시킨 전례가 있었다. 이에 근거하여 르드뤼롤랭은 1849년 6월 11일, 보나파르트와 그의 장관들에 대한 탄핵안을 제출했다. 띠에르의 독설에 격분한 르드뤼롤랭은 무력 사용을 포함한 모든 수단을 동원해

---

6   제Ⅴ조는 1848년 프랑스 헌법 전문에 포함된다. 헌법 전문은 로마 숫자로 표기하고 본문은 아라비아 숫자로 표기했다.

헌법을 수호할 것이라고 위협하는 지점까지 나아갔다. 산악당은 일심동체로 총궐기하여 무력에 호소할 것을 외쳐 댔다. 6월 12일, 국회는 탄핵안을 부결시켰고 산악당은 의회를 떠났다.

6월 13일에 벌어진 사건은 알려진 그대로다. 보나파르트와 그의 장관들이 "헌법을 위반"했다고 산악당의 한 분파가 발표한 성명, 비무장 상태에서 샹가르니에가 파견한 군대와 맞닥뜨리자 해산해 버린 민주파 국민방위군의 가두행진 등. 일부 산악당 의원들은 해외로 도피했다. 또 다른 일부는 부르제 고등법원으로 소환당했으며 의회 규정에 따라 산악당의 나머지 일부는 국회의장에게 학교 훈육 선생과도 같은 관리 감독을 받게 되었다. 파리에는 다시 계엄령이 선포되었고 민주파 국민방위군은 해산했다. 의회 안에서의 산악당의 정치적 영향력과 파리에서의 쁘띠부르주아 세력은 분쇄되었다.

6월 13일에 노동자들이 유혈봉기의 기미를 보였던 리옹에는 주변 5개 현과 함께 계엄령이 선포되었으며, 그것은 지금 이 순간까지도 계속되고 있다.

산악당 대부분은 성명서에 서명하기를 거부함으로써 그들의 전위대를 궁지에 몰았다. 언론도 그들을 버렸으며 단지 2개의 신문만이 위험을 무릅쓰고 성명서를 공표했을 뿐이다. 쁘띠부르주아는 그들의 의원들을 배반했다. 국민방위군은 사라져 버렸거나, 또 그들이 나타난 곳에서는 바리케이드를 쌓는 작업을 방해했기 때문이다. 의원들 역시 쁘띠부르주아를 기만했다. 왜냐하면, 이제까지 주장되어 왔던 군대 내 동맹세력은 어디에서도 찾아볼 수 없었기 때문이다. 끝으로 민주파는 프롤레타리아로부터 힘을 얻는 대신 오히려 프롤레타리아를 자신의 무기력증에 물들게 했다. 민주파들의 위대한 행위에서 자주 등장하는 것처럼, 지도자는 자신들의 "인민"을 투쟁에서의 이탈을 이유로 비난할 수 있다는 사실에 만족했으며,

인민도 자신을 기만했다는 것을 이유로 지도자를 비난할 수 있다는 데 만족했다.

그 어떤 행위도 산악당의 임박한 출정처럼 소리 높게 공표된 적 없었고 어떤 사건도 민주주의의 불가피한 승리로 귀결될 것임이 오래전부터 이토록 확고하게 선전된 경우가 없었다. 민주파는 여리고 성벽을 무너뜨린 나팔 소리[7]를 믿고 있었던 게 틀림없다. 전제정이라는 성벽 앞에 서 있을 때마다 그들은 종종 그 기적을 모방하려 했다. 만약 산악당이 의회 내에서 승리하기를 원했다면 무력에 호소하지 말아야 했다. 의회에서 그들이 무력에 호소했다 하더라도 가두에서는 의회에서 하던 방식으로 행동하지 말았어야 했다. 평화적 시위를 진지하게 할 작정이었다면 그 시위가 전쟁과 같은 대접을 받을 것이라는 사실을 예측하지 못한 것이야말로 정말 어리석은 일이다. 그들이 진정으로 투쟁을 의도했다면 자신들이 가지고 싸워야 할 무기를 버린 것은 참으로 괴상망측한 일이 아닐 수 없다.

하지만 쁘띠부르주아와 그들 대표자들의 혁명적 위협은 단지 적을 겁주려는 시도에 불과하다. 그들이 막다른 골목에 다다라 정작 자신의 위협을 실행에 옮기는 것이 필요하다고 스스로를 설득시켜야 할 때, 이 같은 설득은 너무 모호한 형태로 이루어져 목표를 이룰 수 있는 수단을 회피하고 굴복에 대한 변명을 찾기에 급급하다. 시합을 알리는 떠들썩한 서곡은 싸움이 시작되자마자 희미한 푸념 속으로 사라지며, 배우들은 진지한 연기를 그만두고, 전투는 마치 바람 가득한 풍선이 바늘에 찔리기라도 한 듯 완전히 무너져 내린다.

---

7 『구약』, 「여호수아기」, 제6장에 나온다. 여리고는 팔레스타인의 고읍으로 이스라엘인들이 이 성벽을 거듭해서 공격했으나 점령하지 못했다. 그러나 신의 가르침에 따라 7명의 사제가 양각 나팔을 불고 군사들이 다 같이 고함을 치니 성벽이 무너져 순식간에 성을 점령할 수 있었다.

민주파처럼 자신의 수단을 과장한 당파도 없으며, 상황에 대해 그렇게 경박하게 망상한 경우도 없다. 산악당은 군대 일부가 그들에게 투표했기 때문에 이제 군대가 그들을 위해 봉기할 것이라고 확신했다. 그렇다면 군대는 어떠한 경우에 반란을 일으킬 수 있었는가? 그것은 혁명가들이 프랑스 군대에 대항해 로마 군대의 편에 설 때만 가능했다. 다른 한편으로 1848년 6월의 기억이 아직 생생하게 남아 있었기 때문에 프롤레타리아 입장에서는 국민방위군에 대한 철저한 혐오를 느끼지 않을 수 없었고, 비밀결사의 지도자들 입장에서는 민주파 지도자들에 대해 뿌리 깊은 불신을 드러내지 않을 수 없었다. 그러므로 이런 차이를 불식하기 위해서는 반드시 중요하고도 공통적인 이해관계가 걸려 있어야 했다. 추상적 형태의 헌법 조항을 위반한 것만으로는 공동의 실천을 조직할 수 없다. 민주파 스스로 인정하듯 헌법은 이미 끊임없이 위반되어 오지 않았던가? 가장 인기 있는 일간지들은 이미 헌법을 반혁명적 실패작이라고 낙인찍지 않았던가?

민주파는 과도계급, 즉 그 안에 두 계급의 이해를 동시에 뭉뚱그린 쁘띠부르주아의 대표였기 때문에 자신들은 계급적대 일반을 초월한다고 상상한다. 민주파는 자신들이 특권계급과는 대립하고 있으나, 나머지 국민과 함께 인민을 형성한다고 생각한다. 그들이 대변하는 것은 인민의 권리이며 그들이 관심을 갖고 있는 것은 인민의 이해라는 것이다. 이러한 논법에 근거하면 그들은 투쟁의 시간이 임박해 올 때조차 여타 계급의 이해관계와 입장을 면밀히 검토할 필요가 없다. 그들은 자신들이 갖고 있는 자원을 그다지 심각하게 평가할 필요조차도 없다. 단지 신호만 보내 주면 인민은 자신들의 고갈될 줄 모르는 힘으로 압제자들을 공격할 것이다.

이러한 실천 과정에서 그들의 이해가 관심 밖이고 그들의 힘이 무기력한 것으로 입증된다면, 그와 같은 오류가 발생하게 된 원인은 불가분의 관계에 있는 인민을 서로 다른 적대적 진영으로 갈라서게 만든 유해한 궤변가들 때문이거나, 군대가 너무 야만적이고 맹목적으로 되어 민주주의의 순수 목적이 군대를 위해서도 최상의 것이라는 사실을 이해하지 못하기 때문이거나, 일을 해 나가는 데 있어 어떤 세부사항 때문에 전체 과업이 망가져 버린 데 놓여 있다. 어떤 경우이든 민주파 인사들은 패배에 직면하면 자신은 아무런 오점도 없이 결백한 양 그렇게 가장 불명예스러운 패배에서 쏙 빠져나온다. 그것도 그들이 이전 입장을 포기해야 하는 것이 아니라, 반대로 제 조건이 그들에게 적합할 정도로 무르익어야 하며 그렇게 되면 그들은 승리할 수밖에 없을 것이라는 새롭게 획득한 신념을 가지고서 말이다.

그러므로 우리는 비록 많은 사람이 죽고 당이 파괴되고, 새로운 의회 규정 때문에 치욕을 맛보았더라도 그런 산악당에 대해 대단히 가엾은 존재라고 생각하지 말아야 한다. 비록 6월 13일의 사건이 산악당 지도자들을 제거해 버렸다고 하더라도 그것은 다른 한편으로 능력이 떨어지는 사람에게 새로운 기회를 제공했고 새로운 기회는 그와 같은 자들을 즐겁게 해 주었다. 의회에서 산악당의 무기력함이 더 이상 의심할 수 없게 된다면, 그들은 이제, 도덕적 분노를 폭발시키고 비분강개 조의 연설을 하는 데만 자신의 행동을 한정할 권리를 부여받은 것이다. 질서당이 혁명의 마지막 공식 대표자인 산악당에 무정부의 모든 공포가 구현되어 있다고 입에 거품을 물면 물수록 산악당은 실제에 있어서는 더욱더 활기를 잃고 온건해질 것이다. 그들은 다음과 같은 심오한 표현으로 6월 13일에 입은 손실에 대해 스스로를 위로했다. 왕당파와 질서당이 감히 보통선거권을 공격한다면 그때야말로 우리가 어떤 사람이라는 것을 똑똑히 보여 주리라! 두고 보라!

국외로 도주한 산악당원에 관해서는 여기서 다음과 같은 사실을 언급하는 것만으로 충분하다. 르드뤼롤랭은 단지 2주 만에 자신이 지도자로 있던 유력 정당을 회복 불가능할 정도로 파괴하는 데 성공했기 때문에 이제는 국외에서 순전히 명목상의 프랑스 정부를 구성하는 작업에 초대된 자신을 발견했다. 혁명의 수준이 낮아지고, 관료적 프랑스의 거물 관리들이 난쟁이와 같이 왜소하게 될수록, 활동무대부터 제거된 채 멀리 떨어져 있는 그의 인물됨이 더욱 돋보이는 것처럼 보였다. 1852년에 그는 공화파의 대통령 후보를 맡을 인물로 비쳤고, 왈라키아인 및 여러 민족에게 회람을 돌려 대륙의 독재자들이 자기와 그의 동맹자의 행위로 위협받고 있다고 큰소리쳤다. 프루동이 이러한 신사들을 향해 "당신들은 허풍쟁이에 지나지 않소"라고 일갈했을 때, 그는 잘못 말한 것일까?

질서당은 6월 13일을 기해 산악당을 파괴했을 뿐만 아니라 헌법을 의회 다수파의 결정에 완전히 복속시키는 데 성공했다. 질서당은 공화정을 부르주아가 의회 형식을 통해 지배하지만 행정부의 거부권이나 국회해산권 같은 장애물 없이 지배력을 무한히 행사할 수 있는 군주정과 동일한 정치체제로 이해했다. 이것이 바로 띠에르가 명명한 의회 공화국이었다. 그러나 6월 13일, 부르주아가 의회 안에서 전권을 확보했을 때, 이들은 의회에서 대중의 지지를 가장 많이 받고 있던 정파를 축출했다는 치유할 수 없는 약점으로 인해 행정부와 인민이 보는 앞에서 의회 자체에 큰 손상을 입히지 않았던가? 그들은 수많은 의원을 손쉽게 법정의 요구에 맡겨 버림으로써 스스로 의회의 면책특권을 포기해 버렸다.

산악당에 덧씌운 수치스러운 의회 규정은 개개 국민 대표자의 품위를 손상시킨 정도에 비례하여 그만큼 공화국 대통령의 지위를 격상시켜 주었다. 헌법을 보호하기 위한 봉기를 사회를 전복하려는 목적을 지닌 무정부적 행위로 낙인찍음으로써 그들은 행정부가 헌법을 위반할 경우 봉기를 통해 저항할 수 있는 가능성을 스스로 삭제했다.

역사의 아이러니는 보나파르트의 지시에 따라 로마를 공격하고 그리하여 6월 13일의 의회 반란에 직접적 구실을 제공했던 장군, 바로 그 우디노를 1851년 12월 2일에는 어쩔 수 없이, 질서당이 보나파르트에게 맞서 헌법을 지키기 위한 장군처럼 프랑스 인민들에게 제시했다는 데 있다. 6월 13일의 또 다른 영웅 비에라는 대금융자본가 계열에 속하는 일단의 국민방위군의 우두머리로, 민주파 신문사에 잔인한 폭행을 하고 그 때문에 의회로부터 찬양받았던 그러한 자였다. 바로 이 비에라는 보나파르트의 음모에 가담하여 의회가 죽음에 다다른 그 순간에 국민방위군으로부터 보호받을 수 있는 가능성을 박탈하는 데도 크게 기여했다.

6월 13일의 사건은 또 다른 의미를 가지고 있다. 산악당은 무슨 일이 있어도 보나파르트를 탄핵하려 했었다. 산악당의 패배는 그러므로 보나파르트의 직접적 승리였고, 나아가 민주파 적들에 대한 보나파르트의 개인적 승리였다. 질서당은 승리를 쟁취했다. 보나파르트는 그 승리를 자신의 실질적 이득으로 바꿔야 했고 실제로도 그렇게 했다.

6월 14일 파리의 벽에 나붙은 포고문을 통해 대통령은 자기 의사와는 상관없이, 아니 의사와는 반대로 순전히 여러 사건의 힘에 쫓기어 수도 사와 같은 은둔생활을 박차고 나왔으며 자신의 미덕이 올바르게 이해되지 못했다는 듯한 태도를 취하면서 반대파가 자기에게 퍼부은 비방에 대한 불만을 드러냈다. 여기서 그는 자신을 질서에 일치시키기보다는 질서를 자신에게 일치시킨 것처럼 보인다. 의회가 로마 원정을 사후 승인한 것은 맞지만 로마 원정을 최초 제안한 사람은 다름 아닌 보나파르트 자신이었다. 바티칸에 제사장 사무엘[8]을 앉히고 난 후 그는 뜈레리궁에 다윗 왕처럼 입성하기를 바랐다.[9] 그는 성직자들을 자기편으로 만드는 데 성공했다.

이상에서 살펴본 바와 같이 6월 13일의 봉기는 평화적 가두행진에 한

정되었다. 따라서 여기에는 무공을 세운 자에 대한 그 어떤 월계관도 있을 수 없었다. 그럼에도 불구하고 영웅도 사건에 빈약한 이와 같은 보잘것없는 시기에 질서당은 이 무혈의 전투를 제2의 아우스터리츠 전투[10]로 변화시켰다. 연단과 언론은 군대를 무정부와 무기력을 대표하는 인민대중과 대비시켜 질서의 힘으로 찬양하고, 샹가르니에를 "사회의 방파제"로 칭송했다. 샹가르니에 자신도 결국 이러한 기만을 믿게 되었다.

이와 동시에 뭔가 의혹을 제기하는 부대는 은밀히 파리 밖으로 전출되었다. 선거에서 가장 민주적 성향을 보여 준 부대는 파리에서 알제리로 추방당했다. 병사들 가운데 가장 골치 아픈 자들은 군기교육대로 보내졌다. 마지막으로 군대를 언론으로부터 격리하고 부르주아 사회로부터 고립시키는 작업이 체계적으로 실행에 옮겨졌다.

여기서 우리는 프랑스 국민방위군의 역사에 있어 결정적 전환점에 도달하였음을 알 수 있다. 1830년에 국민방위군은 왕정복고 체제를 전복하는 데 결정적 역할을 했다. 루이 필리프 치하에서는 국민방위군이 군대 편에 서 있었기 때문에 모든 반란이 무위에 그쳤다. 1848년 2월 혁명기에는 국민방위군이 시민봉기에 대해 소극적 자세를, 그리고 충성을 요구하는 루이 필리프에 대해서는 모호한 자세를 취했다. 사태가 이렇게 되자 루이

---

8   『구약』의 「사무엘기」에 나오는 제사장의 이름이다. 사무엘을 바티칸궁에 앉혔다는 것은 1849년 6월 13일 로마 공화국을 압살하고 교황을 부활시킨 것을 의미한다.

9   루이 보나파르트의 계획에 대한 비유이다. 그는 교황 피우스 9세가 자신의 머리에 프랑스의 왕관을 씌워 줄 것이라고 기대했다. 성서의 전통에 따르면 이스라엘의 왕 다윗은 예언자 사무엘이 사울 왕을 내치고 그의 머리에 기름을 붓는 종교적 의식을 통해 새로운 왕으로 즉위할 수 있었다.

10 1805년 12월 2일, 나폴레옹 1세는 여기에서 오스트리아 황제와 러시아 황제가 직접 지휘하는 러시아·오스트리아 연합군을 격퇴했다. 이 전투는 나폴레옹의 가장 빛나는 승리 가운데 하나로, 루이 보나파르트의 쿠데타 거사일인 12월 2일은 삼촌 나폴레옹의 아우스터리츠 승전기념일이기도 하다.

필리프는 패배를 인정할 수밖에 없었고 실제로도 그는 패배했다. 따라서 국민방위군 없이는 그 어떤 혁명도 승리할 수 없고 정규군도 국민방위군에 대항할 수 없다는 확신에 찬 믿음이 자리 잡았다. 이것은 시민적 전능함에 대한 프랑스인들의 미신이었다. 1848년 6월 봉기가 일어나 국민방위군이 정규군과 함께 반란을 진압하게 되었을 때 이와 같은 미신은 한층 강화되었다. 보나파르트가 대통령 취임 이후 헌법 위반임에도 불구하고 국민방위군 통수권과 제1사단의 지휘권을 한데 통합하여 샹가르니에 개인 손에 넘겨줌으로써 국민방위군의 지위는 약화되었다.

국민방위군의 지휘권이 정규군 통수권자 권한의 일부가 되자 국민방위군 자체도 마찬가지로 이제 정규군의 부속물에 불과했다. 결국 6월 13일을 기해 국민방위군의 힘은 무너졌다. 비록 그때 이후로 계속 국민방위군에 대한 추방이 이루어져 그들의 미미한 세력만이 남게 될 때까지 프랑스 전역에 걸쳐 정기적 추방이 행해졌지만 이것은 단지 이들 상당수를 추방시킨 결과 때문만은 아니었다. 6월 13일의 시위는 무엇보다도 민주적 성향의 국민방위군의 시위였다. 확실히 국민방위군은 무장하고 있지는 않았지만 정규군과 구별되는 자신들만의 제복을 입었다. 마치 부적과도 같은 효과가 국민방위군의 제복에는 담겨 있었다. 하지만 군대는 이 제복이 여타의 양모 옷과 동일한 소재의 것에 지나지 않는다는 확신을 가졌다. 마법이 효력을 상실한 것이다.

1848년의 6월 사건 속에서 부르주아와 쁘띠부르주아는 군대와 더불어 국민방위군으로 결집하여 프롤레타리아에 대항했다. 1849년 6월 13일 부르주아는 쁘띠부르주아적 성향의 국민방위군이 군대에 의해 해산되도록 방치했다. 1851년 12월 2일에는 부르주아 자신의 국민방위군이 사라져 버렸다. 그래서 훗날 보나파르트가 국민방위군의 해산 명령에 서명했을 때 그는 단지 이러한 사실을 확인한 것에 불과했다.

이처럼 부르주아는 자력으로 군대에 대항할 수 있는 최후의 무기마저 파괴했다. 부르주아로서는 쁘띠부르주아가 더 이상 가신으로서 자신들의 뒤에 서 있지 않고 오히려 반란자가 되었기 때문에 어쩔 수 없는 일이었다. 이러한 정황은 부르주아가 절대적인 성격을 띠게 되자마자 절대주의에 대항하는 자신들의 모든 방어수단을 스스로 파괴하지 않을 수 없었던 상황과 마찬가지였다.

그러는 동안 질서당은 1849년에 1848년 이후로 상실한 것으로 여겼던 권력을 모든 제약에서 해방된 채 되찾게 되었음을 경축했다. 그러한 권력의 회복은 공화국과 헌법에 대한 악의에 찬 독설과 그들의 지도자들이 이룩한 것을 포함한 미래, 현재, 과거의 모든 혁명에 대한 저주, 그리고 언론의 입을 틀어막고 결사의 자유를 파괴하며 계엄령을 관계법으로 제도화하는 등의 수단을 통해 쟁취된 것이다. 사태가 진정되자 의회는 휴회기에 활동할 상임위원회를 구성한 뒤에 8월 중순부터 10월 중순까지 휴회에 들어갔다. 휴회기 동안 정통왕조파는 엠스에서, 오를레앙파는 클레어몬트에서, 보나파르트는 여행길에서, 현 의회는 헌법 개정을 숙고하는 가운데 각자 음모를 꾸미고 있었다. 이러한 정황은 의회의 정기 휴회 때마다 규칙적으로 일어났다.

나는 이 내용들이 사건화되기 전까지는 자세한 논의를 미룰 것이다. 다만, 여기에 덧붙여 언급하고자 하는 것은 질서당이 왕정복고를 놓고 내부에서 서로 대립하는 왕조주의 분파로 나뉘어 공개적으로 추문을 일으키는 동안, 의회는 상당 기간 정치무대에서 사라진 채, 유감스럽게도 루이 보나파르트 단 한 사람만을 공화국의 머리로 남겨 두었다는 사실은 대단히 비정치적 처사였다는 점이다. 휴회기 동안 의회 내부의 혼란스러운 목소리는 가라앉고, 의회의 구성 부분이 국민 속에서 분해될 때마다 다음과 같은 사실이 한층 분명해졌다. 이 공화국의 진정한 형태를 완성하기 위해서는 오직 한 가지 길만이 요구되고 있는데, 그것은 바로 의회의 휴회를 영구화하고 공화국의 모토인 "자유, 평등, 박애"를 "보병, 기병, 포병"이라는 훨씬 명료한 표현으로 대체하는 것이다.

IV

　　1849년 중순, 국민의회가 다시 열렸다. 11월 1일, 보나파르트는 바로-팔루 내각을 해산하고 새로운 내각을 구성한다는 교서를 발표함으로써 의회를 놀라게 했다. 어느 누구도 보나파르트가 그의 내각에 행한 것과 같이 자신의 충성스러운 심부름꾼을 격식도 차리지 않은 채 물러나게 한 적은 없었다. 의회를 겨냥한 발길질이 당분간 바로와 그의 동지들을 향해 진행되었던 것이다.

　　주시하다시피, 바로 내각은 정통왕조파와 오를레앙파로 구성된 질서당 내각이었다. 공화주의적 제헌의회를 해산하기 위해, 로마 원정을 실행하기 위해, 그리고 민주파를 와해하기 위해 보나파르트는 바로 내각을 필요로 했다. 보나파르트는 바로 내각을 앞세워 스스로의 모습을 은폐하고 정부권력을 질서당 수중에 양보한 채 루이 필리프 치하에서 한 신문의 책임편집인으로서 자신이 썼던 겸손한 가면, 곧 허수아비의 가면을 쓰고 있었다. 그 가면은 더 이상 자신의 얼굴을 가리는 얇은 베일이 아니라 자신의 본색이 드러나는 것을 막아 주는 철가면이었다. 보나파르트는 질서당의 이름으로 의회 안의 공화파를 분쇄하기 위해 바로 내각을 임명했던 것이다. 그런데 이제 보나파르트는 자신의 이름이 질서당 치하의 의회와 독립해 있음을 천명하고자 내각을 해산했다.

내각 해산에 대한 그럴듯한 구실이 없었던 것은 아니다. 바로 내각은 공화국 대통령이 의회와 함께 나란히 하나의 세력을 이루고 있는 것으로 보이게 하도록 형식적 예의를 표하는 것조차 망각했다. 의회의 휴회기 동안 보나파르트는 에드가 네이에게 보낸 편지 한 통을 공개했다. 거기서 보나파르트는 교황의 비자유주의적 태도에 반대하고 있는 것처럼 보였다. 이와 같은 보나파르트의 태도는 제헌의회에 반대해 로마 공화국을 공격한 우디노를 치하한 적이 있던 편지를 공개한 것과 동일한 수법이었다.

의회가 로마 원정을 위한 예산을 표결에 붙이게 되었을 때, 빅토르 위고는 자신의 주장대로 자유주의적 동기에서 그 편지를 토의에 붙였다. 질서당은 경멸적으로 믿을 수 없다고 외치면서 보나파르트의 생각이 어떤 정치적 중요성을 가질지 모른다는 생각을 억눌러 버렸다. 내각의 장관들 가운데 어느 누구도 보나파르트를 위해 대신 매를 맞지 않았다. 또 다른 경우에 바로는 자신의 유명한 공허한 수사법을 동원해 "불쾌한 음모"에 관해 비난하는 연설을 한 적이 있다. 그의 주장에 의하면 이 "불쾌한 음모"는 대통령과 그의 가장 가까운 측근들 사이에서 꾸며졌다는 것이다.

끝으로 내각은 의회로부터 오를레앙 공작부인을 위한 과부 연금을 얻어 내 주었지만 대통령 봉급을 올리자는 어떤 제안도 거부했다. 보나파르트의 마음속에는 제국 계승자로서의 요구와 불운한 협잡꾼의 풍모가 긴밀히 결합해 있었다. 그렇기에 자신에게 제국을 복고할 사명이 부여돼 있다는 위대한 생각은 항상 또 다른 생각, 즉 자신의 채무를 갚는 것이 프랑스 국민의 임무라는 생각으로 보충되어야 했다.

바로-팔루 내각은 보나파르트가 조각한 최초이자 최후의 의회 내각이었다. 그러므로 이 내각의 해산은 결정적 전환점을 이루었다. 바로-팔루 내각의 붕괴로 질서당은 의회체제를 유지하기 위한 필수 불가결한 위치인 행정부의 지렛대로서의 위치를 상실하게 되었고, 다시는 그와 같은 정치적 지위를 회복하지 못했다.

프랑스와 같은 나라에서는 행정부가 50만 이상의 관리집단을 지휘하고 관리들은 거대한 이해관계와 생계를 통해 가장 절대적인 종속 상태에 놓인다. 이곳에서는 국가가, 사회의 가장 포괄적인 생활의 표면에서부터 가장 사소한 불만에 이르기까지, 그리고 가장 보편적인 존재 양식에서부터 개인들의 사적 생존의 문제에 이르기까지, 시민사회를 얽어매고 통제하고 조종·감독하며, 또한 교육한다.

국가라는 이 기생체가 아주 예외적 형태의 중앙집권화를 통해 도처에 힘이 뻗어 있고, 무한한 지식을 획득하고 무기력한 종속과 실질적인 정치체제의 느슨한 무정형 속에서 그 상대를 발견할 수 있는, 가속화된 유동성과 탄력성을 지니고 있는 나라, 바로 이러한 프랑스와 같은 나라에서 다음과 같은 사실은 명백해 보인다. 곧 의회가 국가행정을 간소화하고 가능한 한 관리집단을 축소시키지 못한다면, 그리고 무엇보다 시민사회와 여론이 행정부와 독립된 그들 스스로의 조직체를 형성하지 못한다면, 의회가 내각을 통제할 수 있는 힘을 상실할 때 의회는 모든 실질적 영향력을 상실한다는 사실이다.

프랑스 부르주아의 물질적 이해관계는 수없이 복잡다단하게 얽혀 있는 광범위한 국가기구를 유지하는 일과 밀접하게 관련되어 있다. 부르주아계급은 국가기구에서 자기 계급의 유휴인구를 위한 일자리를 발견하며, 이윤, 이자, 지대, 사례금 형태로는 획득할 수 없는 것을 국가급여의 형태로 보충한다. 또한, 프랑스 부르주아의 정치적 이해관계는 그들로 하여금 억압적 수단을 매일매일 늘리지 않을 수 없게 했으며, 따라서 국가권력의 수단과 인력을 늘리도록 했다.

동시에 부르주아는 여론에 대항해 끊임없이 전투를 치러야 했다. 사회

운동의 자립적 조직체를 완전히 말살하는 데 실패했을 경우 그것을 시기하면서 파괴하고 훼손해야 했다. 프랑스 부르주아는 자신의 계급적 입장 때문에 한편으로는 자기 계급에 활력을 불어넣는 조건, 따라서 모든 의회 권력의 활력적 조건을 말살해야 했으며, 다른 한편으로는 자신에게 적대적인 행정권력에 대해서는 자신을 저항할 없는 존재로 만들었다.

새 내각은 도뿔 내각으로 불렸다. 새 내각이 이렇게 불리게 된 것은 도뿔 장군이 수상직을 맡았기 때문이 아니다. 바로의 해임과 동시에 보나파르트는 수상직 자체를 폐지해 버렸다. 이 수상직 때문에 공화국 대통령은 법률적으로 무無에 가까운 입헌군주의 지위로 전락할 수밖에 없었다. 왕좌와 왕관, 홀 또는 검도 없고, 면책특권이나 국가최고위직을 영속적으로 보유할 수도 없었으며, 무엇보다 치명적인 것은 왕실비가 없었다는 사실이다.

도뿔 내각에 의원은 단 한 명뿐이었다. 그는 고리대금업자 풀드로, 가장 악명 높은 금융귀족 가운데 한 사람이었다. 그에게는 재무장관직이 떨어졌다. 파리 증권거래소의 시세표를 참고해 보라. 그러면 1849년 11월 1일 이후로 프랑스 국채 가격의 등락은 보나파르트주의자들의 주식의 등락과 일치함을 발견할 수 있다. 보나파르트는 이런 방식으로 증권시장에서 협조자를 얻었으며, 동시에 까를리에를 파리시경 국장에 임명함으로써 경찰력을 장악했다.

오직 앞으로 전개될 사태를 통해서만 각료 교체가 야기한 주요한 정치적 결과가 나타나게 될 것이다. 보나파르트는 앞으로 한걸음 내디뎠지만 단지 우스꽝스럽게 뒤로 밀리는 결과를 초래했을 뿐이다. 퉁명스러운 교서 뒤에 이어진 것은 의회에 충성을 맹세하는 가장 비굴한 선언이었다. 각료들이 보나파르트의 개인적 관심사를 법제화하려는 소심한 시도를 하게 될 때마다, 그들은 거의 매번 스스로 그들의 의지에 반해, 직책 때문에 어쩔 수 없이, 사전에 성과가 없음을 확신하면서도 그 우스꽝스러운 임무를 강제로 수행하는 것처럼 보였다. 보나파르트가 각료들 등 뒤에서 불쑥 자신의 의향을 드러내고 "나폴레옹 사상"으로 수작을 벌일 때마다 각료들은 국회 연단에서 그를 부인했다.

보나파르트의 왕위 찬탈에 대한 열망은 단지 그의 적들의 악의에 찬 비웃음 소리를 그치지 않게 하기 위해 스스로에게만 들리게 만드는 것 같았다. 보나파르트는 아무도 인정해 주지 않는 천재처럼 행동했다. 이 시기만큼 그가 철저하게 모든 계급으로부터의 경멸을 만끽해 본 적도 없다. 이때보다 부르주아의 지배가 철저했으며 위풍당당하게 지배의 깃발을 휘날린 적도 결코 없었다.

나는 여기서 부르주아의 입법활동 일반의 역사는 서술하지 않겠다. 다만, 이 시기의 입법활동은 주세酒稅 부활과 무신론을 타파하기 위한 교육법 제정으로 요약할 수 있다. 프랑스인들에게 음주가 한층 어렵게 되었다면, 그들은 더욱더 풍부하게 참된 생명수를 선사받게 된 것이 된다. 주세 관련 법률을 통해 부르주아가 가증스러운 과거의 프랑스 조세제도의 불가침성을 선언했다면 교육법을 통해서는 대중들에게 조세제도를 참고 견뎌 내는 과거의 정신 상태를 보장하도록 한 것이었다.

오를레앙파와 자유주의적 부르주아, 볼테르주의와 절충주의 철학의 옛 사도들이 자신들의 숙적인 예수회에게 프랑스인의 정신을 감독하도록 한 것은 정말이지 놀라운 일이 아닐 수 없다. 누구를 왕위에 앉힐 것인가 하는 점에 대해서는 오를레앙파와 정통왕조파가 서로 의견을 달리했다. 하지만, 그들 사이에 통일된 지배를 확고히 하기 위해서는 두 시대의 억압

---

1   1839년 파리에서 출간된 루이 보나파르트의 저서 『나폴레옹의 사상(Des idées napoléoniennes)』을 가리킨다.

수단들을 통합하는 것이 필수적이며 7월 왕정의 억압수단은 왕정복고 기간의 억압수단에 의해 보충되어야 한다는 사실만큼은 잘 이해했다.

한편으로는 저곡가로 인해, 다른 한편으로는 증가하는 조세 부담과 저당부채로 인해, 이전에 비해 한층 열악한 상태에 처해 모든 희망을 잃게 된 농민들은 각 현에서 동요하기 시작했다. 그들이 들은 답변은 교사들을 끌어내 성직자의 지배 아래 두고 촌장들을 끌어내 지사의 지배 아래 두며, 모든 사람을 감시체제의 지배 아래 둔다는 것이었다. 파리와 대도시에서는 반동 그 자체가 시대의 면모를 반영했다. 반동은 진압되기보다는 오히려 자극한다. 농촌에서의 그와 같은 반동은 우둔하고, 조잡하며, 사소하고, 지루하며, 성가신 것, 한마디로 "헌병"이 된다. 우리는 성직자체제에 의해 축복받은 3년간의 헌병체제가 어떻게 미성숙한 대중을 타락하게 만들었는가를 이해할 수 있다.

질서당이 의회 연단에서 소수파에게 쏟아부은 열정과 열변의 정도가 어떠했던 간에 질서당의 연설은 마치 "예, 예; 아니오, 아니오!"만 말해야 하는 기독교인의 그것과도 같이 단음절적인 채로 남아 있었다. 신문에서와 마찬가지로 연단에서도 그들은 단음절적인 말만 되풀이했다. 그것은 해답이 미리 알려져 있는 수수께끼와도 같이 맥 빠지고 지루한 것이었다. 문제시되는 것이 청원권이든 주세이든 출판의 자유든, 자유무역이든 정치단체든 지방자치든 또는 개인의 자유 보장이든 국가예산에 관한 규제든 어떤 문제이든지 간에 표어는 끊임없이 반복되었고 주제는 언제나 동일했으며, 결론은 언제나 사전에 마련되어 있어 일률적으로 다음과 같았다. "사회주의!" 부르주아 자유주의조차도 사회주의적이라고 선언되었고, 부르주아 계몽주의와 부르주아적인 금융개혁마저도 똑같이 사회주의적인 것으로 선언되었다. 운하가 설치되어 있는 지역에 철도를 부설하는 것도 사회주의적인 것이었으며, 칼로 공격당했을 때 막대기를 사용해 자신을 방어하는 것도 사회주의적인 것이었다.

　이것은 단순히 언사나 유행, 또는 정당의 책략만은 아니었다. 부르주아는 자신이 봉건제를 겨냥해 주조했던 모든 무기가 이제는 그들 자신을 향하게 되었으며, 또한 자기가 만들어 놓은 모든 교육수단이 부르주아의 문명에 대항해 반란을 일으키고, 그들이 창조한 모든 신이 그들로부터 떨어져 나갔다는 사실에 대해 진정한 통찰력을 가지고 있었다. 그들은 소위 부르주아적 자유와 진보의 모든 기관이 사회 기층과 정치의 정상에서 동시에 그들의 계급지배를 공격하고 위협하며, 결국 사회주의적으로 되어 간다는 사실을 정확하게 이해했다. 이와 같은 공격과 위협 속에서 그들은 사회주의의 비밀을 올바르게 판별했으며, '소위' 사회주의가 스스로를 판단하는 방법에 대해 알고 있었던 것 이상으로 정확하게 사회주의의 의의와 경향을 평가했다.

　'소위' 사회주의는 사회주의가 인류의 고통에 대해 슬퍼하든, 기독교 정신에서처럼 천년왕국과 보편적 형제애를 예언하든, 휴머니즘에서처럼 정신과 교육 그리고 자유에 대해 시시한 주장을 하든, 아니면 공론가적 견지에서 모든 계급의 단합과 복지를 보장하는 어떤 제도를 고안해 내든지와 상관없이 부르주아가 자신에 대해 가혹하리만치 무정한 태도를 강화하게 된 이유를 이해할 수 없었다. 그런데 부르주아가 깨닫지 못한 사실은 의회체제, 다시 말해서 그들의 정치지배 일반도 이제 사회주의적인 것으로 유죄판결을 받을 수밖에 없다는 바로 그 논리적 귀결이다. 부르주아계급의 지배가 완벽하게 조직되지 못하고 자신의 순수한 정치적 표현을 획득하지 못했던 한에 있어서는, 마찬가지로 다른 계급의 적대도 순수한 형태로 나타날 수 없었고, 그와 같은 적대가 순수한 모습으로 나타난다 하더라도 국가권력에 대한 모든 투쟁을 자본에 대한 투쟁으로 전화하는 위험한 방향 전환을 취할 수는 없었다.

부르주아계급이 사회의 동요 속에서 "평온"이 위협받는다는 것을 보았다면 어떻게 사회 최상부에 그들 자신의 체제인 불안의 체제, 다시 말해서 이 체제의 대변자 가운데 한 사람의 표현에 의한다면, 투쟁 속에 살고 투쟁에 의해 유지되는 바로 그 의회체제를 유지시킬 수 있겠는가? 의회체제는 토론을 통해 생명을 이어 간다. 그런데 어떻게 부르주아계급이 토론을 금지할 수 있겠는가? 모든 이해관계와 모든 사회제도가 이 체제 아래에서는 일반적 사상으로 변형되고, 사상으로 논의된다. 그런데 어떻게 이러한 이해관계가, 또는 어떤 제도가 사고를 초월해 유지될 것이며 신앙의 한 조항으로 강요될 수 있겠는가?

의회 연단에서 벌어지는 연사들 사이의 논쟁은 언론의 삼류 문사들 사이에 논전을 야기하고, 의회의 토론클럽은 반드시 살롱이나 선술집의 토론클럽들에 의해 보충된다. 부단히 여론에 호소하는 의원들은 여론에 청원을 통해 그것의 현실적 의사를 표현할 수 있는 권리를 부여한다. 의회체제는 모든 것을 다수의 결정에 맡긴다. 그런데 어떻게 의회 바깥의 다수가 결정권을 행사하기를 바라지 않을 것인가? 당신이 국가라는 건물의 꼭대기에서 바이올린을 켤 때, 아래쪽에 있는 사람들이 춤추도록 하는 것 외에 더 이상 기대할 수 있는 게 무엇이 있는가?

이와 같이 부르주아는 이전에 "자유주의적"이라고 찬양하던 것을 이제는 "사회주의적"이라고 낙인찍음으로써 자신의 이해관계가 그들 자신이 직접 지배하는 위험으로부터 벗어날 것을 지시한다. 다시 말해서 국내의 평온을 회복하기 위해서는 무엇보다도 먼저 부르주아 의회가 잠잠해져야 하고, 사회권력을 계속 보유하기 위해서는 그들의 정치권력이 먼저 붕괴되어야 하며, 부르주아 개개인이 다른 계급을 계속 착취하고 재산과 가족, 종교와 질서를 어떤 방해도 받지 않은 채 향유할 수 있기 위해서는 부르주아계급이 다른 계급과 마찬가지로 정치적으로 무능하다고 비난받는 것을 전제로 해야 한다. 그들이 돈을 절약하기 위해서는 왕관을 잃어야 하며 그들을 보호해 주던 검이 동시에 다모클레스Damocles의 검[2]처럼 그들의 머리 위에 매달려 있어야 한다는 것이다.

일반 시민의 이해가 걸린 영역에서 의회 스스로 매우 비생산적임을 드러냈다. 그 결과, 예를 들어, 1850년 겨울에 시작된 파리-아비뇽 간 철도 부설에 관한 논의는 1851년 12월 2일에 이르기까지도 결론에 이르지 못했을 정도다. 의회가 탄압과 반동의 길을 추구해 나가지 않는 곳에서는 의회는 치유할 수 없는 무기력증에 빠져 있었다.

보나파르트의 내각이 법안을 만드는 데 있어서는 부분적으로 질서당의 정신에 입각하여 주도권을 갖고 법률 집행과 행정에 있어서는 부분적으로 질서당의 가혹함을 능가하기조차 했던 반면, 다른 한편에서는 보나파르트가 유치할 정도로 어리석은 계획을 통해 인기를 얻고자 했으며, 의회에 대한 자신의 반대의사를 밝히고, 몇 가지 제약조건 때문에 프랑스 국민들이 사용할 수 없도록 되어 있던 비밀예치금이 마치 어딘가에 숨겨져 있기라도 한 듯한 암시를 주고자 했다. 하사관들의 봉급을 일당 4수우로 인상하는 법안을 제안한 것도 그러한 종류의 것이었다. 노동자를 위한 신용대출은행을 제안한 것도 그러했다. 증여 형식의 돈과 대부 형식의 돈, 그는 이와 같은 제안으로 대중을 유혹했다. 기부와 대부, 룸펜프롤레타리아의 재정학은 그것이 고차적이든 저차원적이든 여기에 한정되어 있었다. 이것만이 보나파르트가 유일하게 운동원리를 알고 있던 용수철의 범위였다. 대중의 우둔함에 이보다 더 우둔하게 투기한 왕위 계승 요구자는

---

2 다모클레스(기원전 400년경)는 시라쿠스의 참주 디오니시오스의 신하다. 이 일화에 따르면 다모클레스가 디오니시오스의 행복을 터무니없이 과장하여 떠들어 대자 디오니시오스는 화려한 잔치에 그를 초대해 천장에 실 한 올로 매달아 놓은 칼 밑에 앉히고 권력자의 운명이 그만큼 위험하다는 것을 보여 주었다고 한다.

결코 없었다.

의회를 희생하여 대중의 인기를 얻고자 하는 이상과 같은 분명한 시도에 의해, 그리고 자신의 빚 때문에 자극되고 잃어버릴 그 어떤 세간의 평판도 없던 자인 이 모험가가 결사적으로 쿠데타를 감행할 수도 있다는 점증하는 위험으로 인해 국회는 계속 술렁였다. 질서당과 대통령의 불화가 위협적 형태를 띠게 된 바로 그때, 예기치 않은 사건이 대통령으로 하여금 다시 의회의 품속으로 들어가게 하는 결과를 초래했다. 그 사건은 다름 아닌 1850년 3월 10일의 보궐선거였다. 이 선거는 6월 13일 이후에 투옥되거나 추방으로 공석이 된 의석을 채우기 위한 목적으로 실시되었다.

파리는 오직 사회민주당 후보만을 선출했다. 파리는 심지어 1848년 6월 봉기에 참가한 반란자 드플로트에게 표를 몰아주었다. 이렇게 프롤레타리아와 동맹을 맺은 파리의 쁘띠부르주아는 1849년 6월 13일의 패배를 복수했다. 파리의 쁘띠부르주아는 더욱 유리한 순간에 보다 많은 수의 병력과 더욱 힘찬 함성으로 다시 등장하기 위해 위기의 순간에 전쟁터에서 사라져 버렸던 것처럼 보였다. 또 하나의 상황이 이 선거에서의 승리의 위험을 더욱 고조시키는 것처럼 여겨졌다. 군대가 파리에서 보나파르트의 각료 중 하나인 라이뜨를 낙선시킨 대신 위에서 언급한 대로 6월의 반란자에게 표를 주었고 각 현에서도 대부분 산악당에 투표했다. 그 결과 산악당은 비록 파리의 경우에서처럼 압도적이지는 않았지만, 그들의 경쟁자들보다 우위를 차지할 수 있었다.

보나파르트는 다시 한번 자신이 혁명의 위기에 직면해 있음을 간파했다. 1849년 2월 29일과 1849년 6월 13일의 경우처럼 그는 1850년 3월 10일에도 질서당의 등 뒤에 숨었다. 그는 굴복했으며, 무기력하게 용서를 빌었다. 의회 다수파의 명령에 따라 그들이 만족하는 어떤 각료도 지명할 것을 확약했을 뿐만 아니라, 띠에르, 베리에, 브로이, 몰레 등 이른바 "성주"[3]라 불리던 오를레앙파와 정통왕조파의 지도자들이 정부를 이끌어 줄 것을 간청했다.

질서당은 앞으로 다시 오지 않을 이런 호기를 이용하기에는 그들의 능력이 턱없이 부족함을 드러냈다. 보나파르트가 제안한 정치권력을 과감하게 장악하기는커녕, 질서당은 보나파르트에게 11월 1일에 해임된 각료를 재임명할 것을 요구하지도 않았다. 질서당은 그를 용서함으로써, 그리고 도뿔 내각에 바로슈를 가담시킴으로써 보나파르트에게 모욕을 주는 데 만족했다. 바로슈는 검사로서 의회에 대해 도발했다는 이유에서 한 번은 부르제 고등법원에서 5월 15일의 혁명가들에 대해,[4] 또 한 번은 6월 13일의 민주파에 대해 광기를 보였던 경력의 소유자였다. 보나파르트의 각료들 가운데 어느 누구도 훗날 바로슈보다 의회의 타락에 기여한 자도 없었다. 1851년 12월 2일 쿠데타 이후 우리는 안락하고 고액의 급여를 받는 상원 부의장 바로슈를 한 차례 더 만나게 된다. 그는 보나파르트가 떠먹기 좋게 하기 위해 혁명가들의 수프에 침을 뱉었다.[5]

---

3 성주(Burgraves)라는 이름은 정통왕조파와 오를레앙파를 이끌던 17인의 유력 정치인에게 붙여진 명칭이다. 이들은 보통선거제 폐지를 골자로 하는 새로운 선거법을 기초하는 입법의회 위원회에 속했다. 여기서 이들은 자신들의 권력을 공고히 하기 위한 반혁명적 음모를 꾸몄다. 성주라는 명칭은 빅토르 위고의 희곡 제목에서 따온 것이다. 이 작품의 배경은 중세 독일로, 황제가 임명한 부르크-그라프(Burg-Graf)가 성채의 지배자였다.

4 1848년 5월 15일에 파리 노동자들은 헌법 제정 국민의회를 타도하기 위해 국회의사당을 점거하고 새로운 임시정부를 수립하려 시도했다. 이 혁명적 행동은 국민방위군에 의해 진압됐고 그들의 지도자인 루이 오귀스트 블랑키, 아르망 바르베, 알베르(알렉상드르 마르탱), 프랑스와 라스뻬이유 등이 체포됐으며, 민주주의클럽의 해산 및 대중 집회 금지에 관한 법률이 시행됐다.

5 1849년 3월 7일에서 4월 2일까지 부르제 고등법원에서는 헌법 제정 국민의회를 점거한 1848년 5월 15일 사건에 관여한 20명의 혁명가들에 대한 재판이 있었다. 그 가운데 10명의 피고인이 중형을 선고받았는데, 블랑키는 10년 독방형을, 다른 관련자들은 종신형 또는 장기간의 유형에 처해졌다. 당시 이들을 기소한 검사가 바로슈였다. 당시 재판에서 보여 준 바로슈의 활약상을 보나파르트는 잊지 않았다. 파리의 혁명 지도자들을 바로슈가 사전에 제거해 준 덕에 보나파르트는 12월 2일의 쿠데타를 비교적 수월하게 실행에 옮길 수 있었기 때문이다. 마르크스는

사회민주당은 사회민주당대로 자신의 승리를 다시 한번 의심하게 하고 자신에게 찾아온 승리의 예봉을 무디게 할 구실을 찾는 데 급급해 보였다. 파리에서 새로 당선된 의원 가운데 한 사람인 비달은 스트라스부르 Strasbourg에서도 동시에 당선되었다. 하지만 그는 파리에서의 당선을 사퇴하고 스트라스부르에서의 당선을 수락하도록 설득되었다. 선거에서의 승리를 결정적인 것으로 만드는 것을 통해 의회에서 질서당과의 일전을 불사하는 대신, 대중적 열기가 치솟으며 군대에서 우호적 분위기가 형성된 바로 그 순간, 적들로 하여금 싸움에 돌입하도록 만드는 대신, 민주파는 3월과 4월의 두 달 동안 새로운 선거전으로 파리 주민들을 지치게 했다.

그들은 고조된 대중의 열기를 반복되는 일시적 선거게임으로 식어 버리게 했다. 헌법상의 성공에 만족해서 혁명적 열기를 사소한 음모와 공허한 선언이나 거짓 운동 등으로 인해 소진하도록 내버려두었다. 뿐만 아니라 부르주아에게 단합하고 준비태세를 갖출 수 있도록 하는 시간적 여유를 주었으며, 마지막으로 외젠느 쉬가 출마한 4월 보궐선거에서는 3월 선거의 의미를 감상적으로 약화시켰다. 한마디로, 사회민주당은 3월 10일 선거를 만우절로 만들었다.

의회 다수파인 질서당은 자신의 적대세력의 약점을 잘 이해했다. 소위 '17명의 성주들'은 보나파르트가 공격의 지휘권과 책임을 자신들에게 넘겨줬기 때문에 새 선거법을 제정할 수 있었다. 법안 작성을 위임받은 자는 포세였다. 그는 그와 같은 임무를 수행하는 영광을 맡을 수 있도록 해 달라고 스스로 간청한 그러한 자였다. 5월 8일, 그는 새로운 선거법을 제출했다. 동 법안에 따르면 보통선거권은 폐지되고 선거가 치러지는 지역에

이 점을 상기하기 위해 보나파르트가 떠먹기 좋게 하기 위해 바로슈가 혁명가들의 수프에 침을 뱉었다고 표현한 것이다.

서 3년 이상의 거주라는 요건이 유권자의 자격으로 부여됐다. 노동자들의 경우, 거주 증거로 고용주들이 제공하는 확인서를 제출해야 했다.

합법적 선거전에서는 그렇게 혁명적으로 사람들을 선동하고 미친 듯이 날뛰었던 민주파는 이제 이러한 승리가 진짜라는 것을 무기를 들고 입증해야 할 때에 헌법을 존중한다는 구실로 질서와 장엄한 평온과 합법적 행동, 다시 말해 법률로 강요된 반혁명 정신에 맹목적으로 복종할 것을 설교했다. 토론이 진행되는 동안, 산악당은 질서당의 혁명적 열정에 반대하여 법률 속에서 살아가는 속물들의 냉정한 태도를 견지하면서, 질서당이 혁명적으로 행동하고 있다는 식의 위협적 비난으로 질서당에 타격을 가함으로써 질서당을 모욕하는 데 그쳤다. 새로 당선된 의원들조차 예의 바르고 신중한 행동을 통해 자신들을 무정부주의자로 비난하고 자신들의 당선을 혁명을 위한 승리로 해석하는 것이 얼마나 커다란 오해인가를 증명하는 데 수고를 아끼지 않았다.

5월 31일, 새 선거법이 통과됐다. 그러자 산악당은 항의문을 대통령 호주머니에 슬쩍 밀어 넣는 것에 만족했다. 선거법에 이어 새로운 언론·출판에 관한 기본법이 통과되었다. [정부는] 이 법에 근거해 혁명적 성향의 신문들을 철저히 탄압했는데, 그것은 언론의 당연한 운명이었다.[6] 이 대홍수 뒤에도 부르주아 기관지인 『나시오날』지와 『라프레스La Presse』지는 살아남아 혁명의 최전방 전초기지에 남게 되었다.

우리는 3월과 4월의 기간에 어떻게 민주파 지도자들이 파리 인민들을 거짓 투쟁의 한가운데로 유인하기 위해 온갖 수단을 동원했으며, 5월 8일

---

[6] 1850년 7월에 입법의회가 통과시킨 언론출판기본법은 신문 출판인들이 지불해야 하는 기탁금을 대폭 증액시켰다. 그리고 이 법은 인지세를 도입했는데, 이것은 소책자의 출판에도 적용되었다. 새로운 언론법은 여러 반동적 조치를 담고 있었으며 실제로는 프랑스에서 출판의 자유를 폐지한 것이나 다름없는 상황을 초래했다.

이후에는 어떻게 그들이 진정한 투쟁에 파리 인민들이 가담하는 것을 막기 위해 최선을 다했는가를 살펴보았다. 이에 덧붙여 우리는 1850년은 상업과 산업의 눈부신 발전이 이룩된 해로서 파리의 프롤레타리아가 완전고용 될 수 있었다는 사실을 잊어서는 안 된다. 1850년 5월 31일의 선거법은 파리의 프롤레타리아가 어떤 형태로든 정치권력에 참가하는 것을 봉쇄했다. 이 선거법은 모든 투쟁 영역에서 파리의 프롤레타리아를 차단시켜 버렸다. 또한 그것은 노동자들을 2월 혁명 이전과 같은 하층 천민의 지위로 되돌려 놓았다.

파리의 프롤레타리아는 이러한 사태에 직면해 그들 스스로를 민주파 인사들이 지도하도록 함으로써, 그리고 순간적 안락과 위안 때문에 자기 계급의 혁명적 이해관계를 망각함으로써, 지배권력이 되는 영예를 포기한 채 운명의 흐름에 몸을 맡겼다. 1848년 6월의 패배가 그들을 수년간 투쟁의 장에서 밀어냈으며 역사적 전개 과정이 현재로서는 그들의 수중에서 벗어나 진행될 수밖에 없다는 점을 증명해 주었다. 6월 13일에 "보통선거권이 공격을 받게 되면 우리는 그들에게 우리가 어떤 사람인가를 보여줄 것이다"라고 부르짖던 쁘띠부르주아 민주파에 관해 말하자면, 이제 그들은 자신들을 강타한 반혁명의 공격은 공격이 아니며, 5월 31일의 법률은 법률이 아니라는 말로 스스로를 위로했다.

1852년 5월의 두 번째 일요일에 모든 프랑스인이 한 손에는 투표용지를 들고, 다른 한 손에는 칼을 들고 나타나리라. 이러한 예언에 만족하며 그들은 침잠했다. 마지막으로 군대는 1849년 5월 28일의 선거 때문에 징계받았던 것과 마찬가지로 1850년 3월과 4월의 선거 때문에 상관들로부터 징계를 받았다. 그러나 이번에는 군대가 단호하게 다음과 같이 말했다. "혁명이 세 차례나 우리를 기만하지는 않을 것이다."

1850년 5월 31일, 보통선거권을 폐지한 새 선거법은 부르주아의 쿠데타였다. 그러나 지금까지의 혁명에 대한 부르주아의 승리는 모두 일시적 성격을 띠고 있었을 뿐이다. 기존 의회가 무대에서 퇴장하자마자 그들은 위기를 맞이했다. 그들은 새로운 총선거 결과가 어떻게 나타날지 조바심을 냈으며, 1848년 이후의 선거의 역사는 한결같이 부르주아의 실질적 지배가 발전하면 할수록 인민대중에 대한 정신적 지배는 상실하게 되었다는 사실을 증명해 주었다. 3월 10일의 보통선거는 부르주아의 지배에 직접적으로 항거하는 선언이었다. 부르주아는 이에 대해 보통선거권을 불법화함으로써 대응했다. 그러므로 5월 31일의 법률은 계급투쟁의 필연적 산물 가운데 하나였다.

다른 한편으로, 헌법상 공화국 대통령의 당선을 유효하게 하기 위해서는 최소한 200만 표가 필요했다. 만일 어떤 대통령 후보자도 200만 표를 획득하지 못하면 국회가 다수 득표를 한 3인의 상위 후보 가운데 한 사람을 선출하도록 되어 있었다. 제헌의회가 이 법을 만들 당시에는 1000만 명의 유권자가 선거인 명부에 등록되어 있었다. 이 관점에서 보았을 때 총 유권자의 5분의 1만으로도 대통령 당선을 유효로 하기에 충분했다. 5월 31일에 개정한 선거법은 300만 명 이상의 유권자를 선거인 명부에서 삭제함으로써 유권자 수를 700만 명으로 축소시켰다. 그런데 대통령 당선의 법적 하한선은 200만 표 그대로였다. 그러므로 5월 31일 선거법의 진정한 정치적 의미는 대통령 당선의 법적 하한선을 유효표의 5분의 1에서 3분의 1로 상향한, 다시 말해 대통령 선거를 국민에게서 빼앗아 은밀히 의회 수중으로 옮겨 놓기 위해 수작을 부린 것에 지나지 않았다. 개정 선거법을 통해 질서당은 의회 선거와 대통령 선거를 사회 내 안정된 층위에 속한 사람들에게 넘겨줌으로써 그들의 지배를 두 배는 공고히 한 셈이었다.

V

　혁명적 위기가 진정되고 보통선거권이 폐지되자 의회와 보나파르트 사이의 투쟁이 다시 타오르기 시작했다.

　헌법에 의하면 보나파르트의 봉급은 60만 프랑으로 책정되었다. 그는 취임한 지 불과 6개월 만에 이미 그 액수를 두 배로 올리는 데 성공했다. 그것은 오딜롱 바로가 이른바 기밀비 명목으로 연 60만 프랑의 추가 금액을 제헌의회로부터 짜냈기 때문에 가능한 것이었다. 6월 13일 이후, 보나파르트는 거듭 봉급 인상 요구를 꾸준히 흘려 왔지만 이번에는 바로가 그의 말을 들어 주지 않았다. 그러나 1850년 5월 31일 이후, 이제 그는 이 호기를 이용해 그의 각료들에게 의회에서 300만 프랑의 봉급을 제안하도록 했다. 보나파르트는 위험한 방랑생활을 오래 했기 때문에 부르주아로부터 돈을 짜낼 수 있는 미세한 계기까지도 감지해 낼 수 있는 고도로 발달한 촉수를 지니고 있었다.

　보나파르트는 정기적으로 공갈협박을 해 댔다. 의회가 인민주권을 침해할 수 있었던 것은 그의 도움과 승인 덕분이었다. 보나파르트는 의회가 지갑줄을 느슨히 해 300만 프랑으로 그의 침묵을 사지 않는다면 의회의 범죄행위를 국민들에게 폭로하겠다고 위협했다. 의회는 300만 프랑스인의 참정권을 강탈했다. 그는 참정권이 박탈된 프랑스인 1인에 대해 각 1프랑씩 정확히 300만 프랑을 요구했다. 600만 유권자에 의해 당선된 사람의 입장에서 자신은 사기당했으며 그래서 이에 대한 손해배상을 의회에 요구한다는 것이었다.

의회의 해당 위원회는 이 뻔뻔한 요구를 거부했다. 그러자 보나파르트 계열의 신문들이 일제히 의회를 위협하기 시작했다. 의회는 원칙적으로 국민들과 명백히 결별한 순간에 공화국 대통령과도 과연 결별할 수 있을까? 의회는 매년 증액을 거부했지만, 이번에 한해 216만 프랑의 추가 지급을 승인했다. 이렇게 의회는 돈의 지불을 승인하면서도 동시에 그것을 마지못해 지불한다는 초조감을 드러냄으로써 이중의 약점을 상대방에게 노출시키고 말았다. 우리는 보나파르트가 어떤 목적에서 이 돈을 필요로 했는지 나중에 살펴볼 것이다.

보통선거권의 폐지에 이어 3, 4월 위기 때 보나파르트가 찬탈의회[1]에 대해 뻔뻔스럽게 도전하면서 자신의 겸손했던 태도를 바꾼 파란만장한 사건들 직후, 의회는 8월 11일부터 11월 11일까지 3개월간 휴회했다. 그 대신 28명으로 구성된 상임위원회가 남았는데 거기에 보나파르트파는 한 명도 없었고 일부 온건 공화파 의원들이 포함되었다. 1849년의 상임위원회는 질서당 의원들과 보나파르트파 의원들로만 구성됐었다. 그러나 당시 질서당은 영원히 혁명에 반대한다고 공언하고 있었다. 이번에는 의회 공화국이 영원히 대통령에게 반대한다고 공언했다. 5월 31일의 입법 이후 질서당이 당면하고 있던 유일한 정적은 바로 대통령이었다.

1850년 11월, 의회가 다시 소집되었을 때에는 의회와 대통령이 그때까

---

1   찬탈의회란 인민의 참정권을 박탈하기 위해 보통선거권을 폐지한 국민의회를 가리킨다.

지 겨뤄 왔던 사소한 설전 대신 두 세력 간의 무자비한 대투쟁, 곧 목숨을 건 투쟁이 불가피한 것으로 여겨졌다.

1849년 휴회 때처럼 이해의 휴회기 동안 질서당은 몇 개의 파벌로 분열되었다. 각 파벌은 자기들 나름의 왕정복고 음모에 사로잡혀 있었는데, 그것은 루이 필리프의 사망소식을 통해 한층 가열되었다. 정통왕조파의 왕 앙리 5세는 심지어 파리에 존재하는 정식 내각까지 임명했다. 거기에는 상임위원회 의원들도 다수 포함되어 있었다. 보나파르트는 이에 대응해 프랑스 각 지역을 순방하면서 자신이 친히 왕림하는 영광을 내렸던 각 도시의 환영 정도에 따라 때로는 은밀하게, 때로는 공개적으로 자신의 왕정복고 계획을 누설하고 지지표를 점검했다. 정부 공식 신문『모니퇴르』지와 보나파르트의 다수 사설 신문들은 당연히 이러한 행렬을 승리의 행렬로 축하해야 했으며 '12월10일회'[2]에 소속된 사람들이 항상 보나파르트를 수행했다.

이 단체의 기원은 1849년으로 거슬러 올라간다. 자선단체를 창설한다는 구실로 파리의 룸펜프롤레타리아들이 비밀지부 형태로 조직되었다. 각 분파는 보나파르트 대리인에 의해 지도되었으며, 보나파르트파의 한 장군이 전체 조직의 우두머리로 있었다. 모호한 생계수단과 모호한 출신성분을 지닌 타락한 무위도식자들 그리고 파산한 부르주아계급의 일군의 모험가들과 함께 부랑자, 제대군인, 출옥 범죄자, 탈출한 강제노역자, 사기꾼, 협잡꾼, 거지, 소매치기, 사기 도박사, 노름꾼, 뚜쟁이, 포주, 짐꾼, 문인, 삼류 문사, 거리의 악사, 넝마주이, 칼 가는 사람, 땜장이, 걸인, 요컨대 모호하고 뿔뿔이 흩어져 여기저기에 내버려져 있는 대중, 프랑스어

---

2   이 단체의 명칭은 1848년 보나파르트가 대통령에 당선된 날짜인 12월 10일에서 따왔다.

로 라 보엠, 곧 유랑자라 불리는 대중, 이 다양한 분자들로 보나파르트는 '12월10일회'의 핵심을 구성했다. 이 "자선단체"는 보나파르트와 마찬가지로, 국민들이 노동하여 벌어들인 돈으로 자신들에게 자선을 베풀어야 할 필요성을 느끼고 있는 한 자선단체라 할 만했다.

스스로 룸펜프롤레타리아의 두목이 된 보나파르트, 룸펜프롤레타리아에게서만 자신이 개인적으로 추구하는 이익을 대량으로 찾아내는 보나파르트, 이것이야말로 진정한 보나파르트의 모습이며, 있는 그대로의 보나파르트다. 늙고 교활한 무위도식자로서 그는 여러 민족의 역사적 생활과 그 민족의 정치적 업적들을 가장 천박한 종류의 희극으로, 그리고 극히 사소한 협잡까지도 가장 휘황찬란한 의상과 언변, 몸짓들로 치장하는 가장 무도회로 이해했다. 예컨대 그의 스트라스부르 진군이 그러했다. 거기에서는 훈련된 스위스 독수리가 그의 삼촌 나폴레옹의 독수리 문장 역할을 했다. 불로뉴에 난입할 때도, 그는 런던 출신 하인들에게 프랑스 군복을 입혀 군대 역할을 대신하게 했다.[3]

'12월10일회'에서 그는 만 명의 불량배들을 끌어모았다. 이들은 닉 보텀[4]이 사자 역을 연기하기를 바랐듯이 인민의 역할을 하기로 되어 있었다. 부르주아가 프랑스 연극 관례의 까다로운 현학적 조건들을[5] 손상시키지 않은 채, 자신의 국사극 연기의 장중함을 반은 믿고 반은 의심하면서 세상에서 가장 진지한 방식으로 가장 완벽한 희극을 연기했던 바로 그 순

---

3   이 부분은 루이 보나파르트가 7월 왕정 기간에 군대 내 봉기를 이용하여 두 차례 쿠데타를 일으키려 했던 사실을 언급한 것이다.
4   닉 보텀은 셰익스피어의 「한여름 밤의 꿈」에 등장하는 아장 직인 가운데 하나다. 그는 극중에서 자신이 말단 직인에 불과하다면서 사자 역을 맡지 못한 것에 대해 불평하고 있다.
5   프랑스 연극은 그 관례상 1851년 12월 2일의 쿠데타와 유사하게 한 날 한 장소에서 일어난 사건만을 다룬다.

간, 희극을 단순한 희극으로 파악했던 이 모험가는 승리하게 되어 있었다. 자신의 완강한 정적들을 제거하고 이제 그 스스로가 황제의 역할을 심각하게 받아들여 나폴레옹의 가면을 쓴 자신을 진정한 나폴레옹이라고 상상하는 바로 그때, 비로소 보나파르트는 자신이 지닌 세계에 대한 고유한 개념의 희생자가 되며 세계사를 희극으로 보지 않고 자신의 희극을 세계사로 파악하는 심각한 어릿광대가 된다.

국립작업장이 사회주의적 노동자들을 위한 것이었고 기동국민군이 부르주아 공화파를 위한 것이었다면, 보나파르트의 고유한 전투적 파당인 '12월10일회'는 보나파르트만을 위한 조직이었다. 그가 여행하는 도중에 도로를 가득 메운 이 단체의 분견대는 그의 즉석 청중으로 가장하여 대중의 열광을 연출했다. 황제 만세를 외쳐 댔으며 공화파를 모욕하고 때려눕혔다. 이 모든 일은 물론 경찰의 비호 아래 이루어졌다. 보나파르트가 파리로 귀환할 때 그들은 전위대가 되어 반대 시위행진의 기선을 제압하고 반대 시위자들을 쫓아 버려야 했다.

'12월10일회'는 그의 부속물이었으며, 그의 작품이었고 그 자신의 아이디어였다. 그가 갖고자 하는 것은 무엇이든 상황의 힘이 그를 대신해 주었거나, 아니면 다른 사람의 행위를 모방함으로써 충족될 수 있었다. 그러나 보나파르트는 시민 앞에 공공연히 나타날 때는 질서, 종교, 가족, 재산과 같은 공식적 문구를 사용했다. 그의 배후에는 무질서, 매음, 슈프터를레Schufterles와 슈피겔베르크Spiegelberg[6] 같은 비밀단체가 있었으니, 보나파르트 자신이 그것의 원저자이다. 따라서 '12월10일회'의 역사는 보나파르트 자신의 역사라 할 수 있다.

---

6 슈프터를레와 슈피겔베르크는 실러의 작품 「군도」의 등장인물들이다. 이들은 어떤 양심의 가책도 없이 약탈과 살인을 자행했다.

이제 질서당 소속의 의원들까지도 12월파의 곤봉을 맞는 예외적인 사태가 벌어졌다. 그뿐만이 아니었다. 의회의 안전을 지키기 위해 의회에 배속된 의사당 경호실장 용은 알레라는 자의 진술을 토대로 12월파의 한 분파가 샹가르니에 장군과 국회의장인 뒤팽을 암살하기로 결정하고 그 일을 담당할 인물들을 선정했다고 해당 상임위원회에 통보했다. 그 순간, 국회의장 뒤팽이 얼마나 공포에 빠졌겠는가! '12월10일회'에 대한 의회의 조사를 통해 보나파르트파의 비밀스러운 세계를 만천하에 폭로하는 것은 불가피한 일로 여겨졌다. 보나파르트는 용의주도하게도 의회가 열리기 직전에 자신의 단체를 해산했다. 물론 그것은 명목상의 것이었다. 파리시경 국장 까를리에는 1851년 말 자세한 보고서를 작성해 보나파르트에게 '12월10일회'를 해체하도록 했으나 헛수고였다.

'12월10일회'는 보나파르트가 정규군을 '12월10일회'의 진영으로 전환하는 데 성공할 때까지 보나파르트의 사병으로 남아 있어야 했다. 보나파르트는 의회가 정회한 직후 그들로부터 얻어 낸 돈으로 최초로 이런 시도를 했다. 한 사람의 운명론자로서 보나파르트는 세상에는 인간, 특히 군인들이 대항할 수 없는 더 높은 힘이 있다는 믿음 속에 살았다. 이 힘들 가운데 하나로 그는 무엇보다도 먼저 담배와 샴페인, 찬 닭고기, 마늘 소시지를 들었다.

그는 먼저 엘리제궁의 거실에서 장교와 하사관들에게 담배와 샴페인, 찬 닭고기, 마늘 소시지를 대접했다. 10월 3일, 생모르St. Maur 사열식에서 그는 병사들에게 동일한 책략을 썼으며 10월 10일, 사토리Satory 열병식에서는 훨씬 큰 규모로 이 책략을 반복했다. 큰아버지는 알렉산더 대왕의 아시아 정복을 생각해 냈고, 조카는 주신酒神 바커스Bacchus의 아시아 원정을 생각해 냈다. 알렉산더는 확실히 반신半神이었지만, 바커스는 신神이었으며, 나아가 '12월10일회'의 수호신이었다.

10월 3일의 열병식 직후, 상임위원회는 육군장관 도뿔을 소환했다. 그는 이러한 규정 위반이 다시는 일어나지 않게 하겠다고 의회에 다짐했다. 우리는 10월 10일 보나파르트가 도뿔의 다짐을 어떻게 이용했는지 알고 있다. 샹가르니에가 파리의 군사령관으로서 두 열병식을 지휘했다. 의회 상임위 위원이자 국민방위군의 지휘관이며, 1월 29일과 6월 13일의 "구원자"이자 "사회의 방파제"이고, 질서당 대통령 후보이자 두 왕조의 멍크 장군[7]으로 여겨졌던 샹가르니에는 지금까지 자신이 육군장관의 부하임을 인정한 적이 단 한 번도 없었다. 그는 공공연하게 공화국 헌법을 비웃었고, 모호하긴 했으나 보나파르트의 비호자인 양 그를 추종했다. 그러던 그가 이제는 육군장관과 보나파르트에 대항해 군대의 규율을 지키고 헌법을 수호하는 데 열정을 쏟아붓고 있지 않은가.

10월 10일, 일단의 기병들이 "나폴레옹 만세! 소시지 만세!"를 외쳤을 때, 샹가르니에는 최소한 그의 친구인 뇌메이에의 지휘 아래 있는 보병들만이라도 분열행진 때 입을 꼭 다물도록 조치했다. 보나파르트의 사주를 받은 육군장관은 뇌메이에 장군의 파리 보직을 박탈했다. 제14, 15사단의 총지휘관으로 임명한다는 게 구실이었지만 사실상 징벌적 조치였다. 뇌메이에는 보직 변경을 거부했으나 결국에는 사임할 수밖에 없었다.

샹가르니에는 11월 2일 자 명령을 통해 무장하고 있는 동안에는 군대가 정치 색채를 띤 구호를 외치거나 시위에 가담하는 것을 금지했다. 엘리제의 신문들은 일제히 샹가르니에를 공격했다. 질서당의 신문들은 보나파르트를 공격했다. 상임위는 비밀회의를 속개했으며, 이 회의에서는 국

---

7 멍크는 영국의 장군으로 크롬웰에 충성했으나 크롬웰 사후에는 왕정복고에 적극 가담해 찰스 2세를 왕위에 즉위시켰다. 마르크스가 샹가르니에를 멍크 장군에 비유한 것은 정통왕조파와 오를레앙파 모두 그를 자기 왕조를 복고시켜 줄 적임자로 간주하고 있었기 때문이다.

가가 위기에 처해 있음을 선언하자는 제안이 속출했다.

군대는 두 개의 적대적 참모본부를 지닌 채 두 개의 적대진영으로 분열된 것처럼 보였다. 그 가운데 하나는 보나파르트가 거주하는 엘리제궁에 있고, 다른 하나는 샹가르니에의 사령부가 있는 뛸레리궁에 있었다. 전투 개시의 신호가 울려 퍼지는 데는 의회가 소집되는 것만으로도 충분한 것처럼 보였다. 프랑스 대중들은 보나파르트와 샹가르니에 간의 알력을 영국의 한 저널리스트처럼 판단했다. 그 저널리스트는 양자 간 알력의 특징을 다음과 같이 묘사했다.

"프랑스의 정치적 하녀들은 혁명의 작열하는 용암을 낡은 빗자루로 쓸고 있으며, 그렇게 비질을 하면서도 말다툼을 벌이고 있다."

그 사이에 보나파르트는 육군장관 도뿔을 재빨리 해임하고 알제리로 전출시켰다. 그리고 슈람 장군을 새 육군장관에 임명했다. 11월 12일, 그는 의회에 미국식 장광설로 가득 찬 교서를 보냈다. 그 교서는 질서를 암시하고 화해를 열망하며, 모든 문제를 다루는 데 헌법을 준수할 것을 지나칠 정도로 자세히 기록한 것이었다. 그러나 주요 현안에 대한 언급은 빠져 있었다. 마치 지나가는 말처럼 오직 대통령만이 헌법이 자신에게 부여한 고유권한에 따라 군대를 임의로 배치할 수 있다고 주장했다. 그 교서는 다음과 같은 매우 근엄한 말로 끝맺고 있다.

"프랑스는 무엇보다도 먼저 평온을 요구합니다. … 그러나 나는 대통령 선서에 묶여 있기 때문에 동 선서가 내게 부과한 좁은 한계를 지켜 나갈 것입니다. … 내가 국민에 의해서 선출되고 나의 권력이 오직 국민에게만 의존하고 있는 한 나는 항상 법적으로 표현된 국민의 의지에 따를 것입니다. 여러분이 이번 회기 안에 헌법 개정을 결의한다면, 개헌의 회가 행정부의 지위를 조정할 것입니다. 만약 그렇지 않으면, 국민들이 1852년에 그들의 결정을 엄숙히 공표할 것입니다. 그러나 장래의 해결책이 무엇이든 간에 우리가 그것에 대한 이해를 도모하도록 합시다. 그래서 결코 격정이나 불의의 사건 또는 폭력이 이 위대한 민족의 운명을 결정하지 말도록 해야 할 것입니다. … 무엇보다도 내 관심은 1852년에 누가 프랑스를 통치할 것이냐가 아니라 그나마 무언가 할 수 있는 남은 임기를 어떻게 하면 선동이나 교란 없이 지나가게 할 수 있느냐 하는 것입니다. 나는 진심으로 나의 마음을 여러분들에게 열어 놓겠습니다. 여러분은 나의 솔직함에 신뢰로서, 나의 선의의 노력에 협조로서 대답해 주기 바랍니다. 나머지는 신이 알아서 하실 것입니다.”

부르주아의 점잖고 온건한 체하는 위선과 도덕적으로 상투적인 말들이 ‘12월10일회’ 독재자의, 그리고 생모르와 사토리 야유회 영웅의 입에서 가장 심오한 의미를 드러냈다.

질서당의 성주들은 이 말이 겉보기에는 진솔한 심정을 토로한 듯해도 신뢰할 만한 것이라고 착각하지 않았다. 맹세에 대해서 그들은 오랫동안 둔감해 있었다. 그들 가운데에도 정치적 맹세를 깨뜨린 역전의 용사들과 대가들은 손에 꼽을 수 없을 정도로 많았다. 또한 그들은 군대에 대해 보나파르트의 언급이 지니는 의미를 간파했다. 그들은 그 교서가 최근에 제정된 법안들을 장황하게 늘어놓으면서도 가장 중요한 법안인 개정 선거법에 대해서는 일부러 침묵 속에서 지나쳤으며 더욱이 헌법이 개정되지 않을 경우에는 1852년의 대통령 선거를 국민들에게 맡길 것이라는 언급을 불쾌하게 지켜보았다.

개정 선거법은 질서당의 발에 채워진 족쇄였다. 이 때문에 질서당은 걷거나 더 이상 앞으로 전진해 나아갈 수 없었다! 더욱이 '12월10일회'를 공식적으로 해산하고 육군장관 도뿔을 경질함으로써 보나파르트는 자신의 손으로 국가의 재단에 속죄양을 바쳤다. 이런 방식으로 그는 예견된 충돌의 예봉을 무디게 했다. 마침내 질서당 스스로도 행정부와의 어떠한 결정적 충돌을 회피하고 완화하며, 그럴듯하게 얼버무리고자 갖은 노력을 다했다.

혁명에 대한 자신들의 승리를 잃을까 봐 전전긍긍한 질서당은 그들의 정적이 혁명의 과실을 가져가도록 허용했다. "프랑스는 무엇보다도 먼저 평온을 요구한다." 이것은 2월 혁명 이래 질서당이 혁명에 대해 외친 말이었다. 하지만, 동시에 보나파르트의 교서가 질서당에 대해 외친 말이기도 했다. "프랑스는 무엇보다도 먼저 평온을 요구한다." 보나파르트는 권력 찬탈을 의도한 행위를 한 것이었다. 하지만, 질서당이 보나파르트의 행동에 신경질적으로 반응하여 소동을 일으킨다면 질서당은 "불안"을 조성한 것이 되고 만다. 아무도 사토리의 소시지에 대해 거론하지 않음으로써 그 사건은 쥐 죽은 듯 조용해졌다. "프랑스는 무엇보다도 먼저 평온을 요구한다." 따라서 보나파르트는 자신이 하고자 하는 바를 조용히 할 수 있도록 해 달라고 요구했으며, 의회 내 정당들은 혁명적 불안을 다시 야기할 것이라는 공포와 자기 계급인 부르주아의 눈에 그들 자신이 불안을 책동하는 것으로 비치지나 않을까 하는 두려움으로 마비되었다.

프랑스는 무엇보다도 먼저 평온을 요구했기 때문에 질서당은 결과적으로 보나파르트가 그의 교서에서 "평화"를 언급한 것에 대해 감히 "전쟁"으로 맞설 수 없었다. 의회가 개회되면 큰 소동이 벌어질 것이라고 예상한 대중의 기대는 무산되었다. 야당 의원들이 10월에 벌어진 이러저러한 사건들에 대한 상임위 의사록을 제출할 것을 요구했지만, 그것은 다수결로 부결되었다. 흥분을 유발시킬지도 모를 토론들은 원칙적으로 모두 회피

되었다. 1850년 11월과 12월 사이에 의회 의사록은 아무런 흥미도 유발하지 못했다.

12월 말경, 마침내 몇 개의 의회 특권을 둘러싸고 게릴라전이 시작되었다. 부르주아가 보통선거권을 폐지함으로써 당분간 계급투쟁의 문제를 해결한 이래, 운동은 입법부와 행정부라는 양대 권력의 특권을 둘러싼 사소한 승강이의 늪에 빠져 버렸다.

의원 가운데 한 명인 모갱이 채무 문제로 법정에서 재판을 받았다. 재판장의 조회에 응한 법무장관 루에는 채무자에게 체포 명령을 내리는 데는 별문제가 없다고 선언했다. 모갱은 채무 감옥에 수감되었다. 의회는 이것을 자신에 대한 공격이라 간주하고 들끓었다. 의회는 그의 즉각적인 석방을 요구했을 뿐만 아니라, 그날 저녁 서기를 보내 그를 채무자 감옥에서 강제로 데리고 나왔다. 그러나 의회는 사유재산의 신성함에 대한 자신의 신앙을 확증하기 위해, 또 필요할 경우 말썽 많은 산악당원을 구금하고자 하는 속셈으로, 채무로 인해 의원을 구금하려면 의회에 사전 동의를 구해야 한다고 선언했다. 그러나 의회는 대통령 역시 채무 문제가 발생하면 구금할 수 있다고 공표하는 것을 잊었다. 의회는 자신의 구성원인 국회의원들을 감싸 주었던 면책특권의 마지막 외양마저 없애 버렸던 것이다.

의회의 경호실장 용이 알레라는 자가 준 정보를 토대로 일단의 12월파 회원들이 뒤팽과 샹가르니에를 암살할 계획이었다고 고발했던 일을 상기하고자 한다. 이 사건이 발생한 직후 첫 회의에서 감사위원들은 이와 관련하여 의회가 자체 예산으로 시경 국장으로부터 완전히 독립되어 있는 의회 자체의 경찰력을 보유해야 한다고 제안했다. 내무장관 바로슈는 자신의 업무 영역에 대해 의회가 권한을 침해했다고 항의했다. 그 결과, 이 문제에 대한 한심한 절충이 이루어졌다.

절충안에 따르면 의회의 경호실장은 의회 자체 예산에서 급료를 지불

받고 감사위원들이 임명하거나 해고할 수 있지만 반드시 내무장관의 사전 동의가 있어야 한다는 것이었다. 그동안 알레에 대한 사법당국의 범죄 심문이 이루어졌고, 여기에서 그의 정보를 허위로 입증하고 검사의 입을 통해 뒤팽, 샹가르니에, 용, 나아가 의회 전체를 조롱거리로 만드는 것은 손쉬운 일이었다. 12월 29일 바로슈 장관은 뒤팽에게 편지를 써서 용의 해임을 요구했다. 의회 사무국은 용의 재임을 결정했으나 모갱 사건 때 드러난 자신의 폭력성에 놀랐던, 그리고 위험을 무릅쓰고 행정부를 한 대 때리면 그 대가로 두 대를 맞는 데 익숙해 왔던 의회는 의회 사무국의 이러한 결정을 승인하지 않았다. 의회는 공무에 충실했다는 이유로 용을 해임함으로써 밤에 결정하여 낮에 실행하는 것이 아니라 낮에 결정해 밤에 실행하는 그러한 종류의 사람을 다루는 데 필수 불가결한 의회 대권을 스스로 내팽개쳤다.

우리는 11월과 12월 사이에 있었던 절호의 기회에 의회가 어떻게 행정부와의 투쟁을 회피하고 자제했는가를 알 수 있다. 이제 우리는 의회가 지극히 사소한 이유로도 싸움을 할 수밖에 없게 된 상황을 접하게 된다. 모갱 사건 당시 의회는 채무로 인한 의원 구금을 원칙적으로 인정했다, 그러나 의회는 자신의 비위에 거슬리는 의원들에게만 그것을 적용할 권리를 남겨 두고 있었으며, 이 악명 높은 특권에 대해 법무장관과 논쟁을 벌이고 있었다.

의회는 소위 암살계획을 근거로 '12월10일회'에 대한 조사권을 발동하고 프랑스와 전 유럽 앞에서 파리 룸펜프롤레타리아의 두목인 보나파르트의 본색을 폭로함으로써 그를 구제받을 수 없게끔 하는 대신 의사당 경호실장의 임명 및 해임권을 누가 가지고 있느냐 하는 식의 의회와 내무장관 사이의 문제로 투쟁의 수준을 격하시켰다. 그러므로 이 기간 전체를 통해 질서당은 그 뜨뜻미지근한 입장 때문에 행정부와의 투쟁을 사소한 권한 다툼, 트집 잡기, 사소한 법률적 시비와 직권 논쟁으로 쟁점을 분산 해체해 버림으로써 지극히 사소한 문제를 자기 행위의 본질로 삼을 수밖에 없었다.

질서당은 투쟁이 원칙적 견지에서 중요성을 지니고, 진정으로 행정부의 정체가 폭로되어 의회의 대의가 국민의 대의로 될 수 있었던 순간, 투쟁을 대담하게 전개하지 못했다. 만약 그렇게 했다면 그것은 국민에게 진군 명령을 내리는 것이 되었을 것이다. 그러나 의회가 가장 두려워하는 것은 국민들이 움직이는 것이었다. 국민들이 움직일 조짐을 보이면 의회는 산악당의 조사권 발동 동의안을 거부하고 다음 의사일정으로 넘어갈 것이다.

대국적 관점에서의 투쟁의 문제가 이와 같이 산산조각 나 버리면 행정권력은 사소하고 중요하지 않은 기회에 그와 같은 분쟁을 다시 취급할 수 있는 시기, 곧 문제가 단지 의회의 국지적 이해관계로 되는 시기만을 잠자코 기다리기만 하면 된다. 그때 참고 참던 질서당의 분노가 폭발하면서 질서당은 무대를 가리던 장막을 찢어 내고 대통령을 비난하면서 공화국이 위기에 처해 있음을 선언하지만, 질서당의 격분은 이제 어리석은 것으로 나타나며, 그리고 싸움의 동기는 싸움을 위한 위선적 구실이거나, 또는 그것을 위해 별로 싸울 만한 가치가 없는 것으로 보이게 된다. 의회의 폭풍은 찻잔 속의 태풍이 되며, 투쟁은 음모가 갈등은 추문이 된다.

혁명적 계층은 의회가 대중의 자유에 관심을 쏟기보다는 의회 대권에만 열을 올리고 있기 때문에 의회의 타락을 고소해하고 있지만 의회 밖의 부르주아들은 어째서 의회 안에 있는 부르주아들이 그토록 사소한 말다툼에 시간을 낭비하고 대통령과의 유감스러운 대립으로 평온을 위협하는지 이해할 수 없었다. 그들은 모두가 전투를 원하는 순간 평화를 만들어 내고 평화가 이룩되었다고 온 세상이 믿는 순간에 공격을 가하는 의회 전

략에 혼돈을 감출 수 없다.

12월 20일, 파스칼 뒤프라 의원이 금괴를 경품으로 주는 복권에 대해 내무장관에게 질문했다. 이 복권은 한마디로 "엘리지움의 딸"[8]이었다. 관련 프랑스 법은 자선 목적 외에 일체의 복권을 금지하고 있었음에도 불구하고 보나파르트와 그의 충성스러운 추종자들은 그것을 세상에 내놓았으며 시경 국장 까를리에는 그 복권을 공개적으로 비호했다. 장당 1프랑에 700만 장의 복권이 발행되었고 수익금은 표면적으로는 파리의 부랑자들을 모두 캘리포니아로 금 캐러 보내는 데 사용하기로 되어 있었다. 일확천금의 꿈이 파리 프롤레타리아의 사회주의를 향한 꿈을 대신했다. 파리의 노동자들은 반짝거리는 캘리포니아산 금괴가 눈에 띄지 않게 자신들의 호주머니에서 나온 돈으로 만들어진 것임을 당연히 알아차리지 못했다.

기본적으로 이것은 노골적인 사기에 불과했다. 파리를 떠나는 고생을 하지 않고도 캘리포니아에서 금광을 개설하기를 원했던 부랑자들은 다름 아닌 보나파르트와 빚에 찌든 그의 원탁의 기사들이었다. 의회가 승인한 300만 프랑은 방탕한 생활로 탕진되었다. 어떤 방식으로든 금고는 다시 채워져야 했다. 보나파르트는 소위 "노동자 주거지역"을 건설하기 위한 국민기금 모집에 착수해 자신이 앞장서 상당액의 돈을 내겠다고 약속했지만 아무 소용 없었다. 냉정한 부르주아들은 의혹의 눈초리를 보내며 그가 약속한 돈을 내기를 기다렸다. 물론 보나파르트가 돈을 내는 일은 일어나지 않았다. 따라서 사회주의 공중누각에 대한 이러한 식의 투기는 곧바로 땅바닥에 곤두박질치고 말았다.

8 　마르크스는 비유적 표현을 위해 여기서 실러의 「환희의 찬가」의 한 구절을 사용하고 있다. 이 구절에서 실러는 "엘리지움의 딸"로서 환희를 노래한다. 신화에 의하면 엘리지움 또는 엘리제 평원은 파라다이스를 의미한다. 여기서 엘리제는 루이 보나파르트의 거주지를 가리킨다.

금괴는 더할 나위 없이 좋은 유인책이었음이 드러났다. 보나파르트 회사는 700만 프랑 가운데 경품인 금괴값을 제외한 잔액을 횡령하는 데 만족하지 않고 가짜 복권을 만들어 냈다. 그들은 같은 번호의 복권을 10장, 15장, 심지어는 20장이나 발행했다. 정말이지 12월10일회의 정신에나 어울릴 법한 금융 조작이 아닌가! 이 문제에서 의회가 상대했던 자는 공화국 대통령이라는 의상을 걸친 보나파르트가 아니라 알몸 그대로의 보나파르트였다.

의회는 헌법이 아니라 형법을 위배한 현행범으로 보나파르트를 체포할 수 있었다. 그런데 뒤프라의 대정부 질문을 그날의 의사일정에 따라 속개했다 하더라도, 이러한 사태는 결코 발생하지 않았을 것이다. 왜냐하면, 그 정도면 "만족"한다는 지라르댕의 동의안이 질서당으로 하여금 자신들의 조직적 부패를 상기시켜 주었기 때문이다. 부르주아, 그리고 무엇보다도 정치가로 출세한 부르주아는 이론적 장황함으로 자신의 실천적 저속성을 보충한다. 정치가로서 부르주아는 자신들이 맞닥뜨리고 있는 국가 권력처럼 보다 고귀하고 신성한 방식으로만 싸울 수 있는 고귀한 존재가 된다.

완전한 방랑자이자 귀공자적 룸펜프롤레타리아였기 때문에 비열한 투쟁을 전개해 나가는 데 있어 교활한 부르주아보다 한결 장점을 지니고 있던 보나파르트는 군대연회, 열병식, '12월10일회', 끝으로 형법이라고 하는 불안정한 형세를 극복할 수 있도록 의회가 손수 그를 이끌어 준 후, 이제 자신이 명백한 수세에서 공세로 전환할 수 있는 순간이 도래했음을 알아차렸다. 그사이 법무장관, 육군장관, 해군장관, 재무장관 등이 당했던 작은 패배들은, 비록 의회가 그것을 통해 심한 불쾌감을 표시하기는 했지만, 그에게는 거의 문제가 되지 않았다. 그는 장관들을 해임하지 않았으며, 따라서 행정권력에 대한 의회의 통치권을 인정하지 않았을 뿐만 아니라, 그는 이제 의회 휴회 중에 손을 댔던 것, 곧 샹가르니에를 파면함으로써 의회로부터 군사력을 분리하는 작업을 완수할 수 있었다.

엘리제파의 한 신문은 5월 중에 샹가르니에가 제1사단에 내렸다고 알려진 일일 명령서를 발표했다. 그것에 따르면 장교들은 폭동이 일어났을 때 자기 부대의 배반자들을 사면하지 말고 즉시 사살할 것이며, 의회가 군대를 징발하고자 할 때 그것을 거부하도록 장교들에게 명령하는 내용이었다.

1851년 1월 3일, 내각은 이 일일 명령에 대해 대정부 질문을 받았다. 내각은 이 문제를 조사하는 유예기간으로 처음에는 3개월, 다음에는 일주일 그리고 마지막에는 겨우 24시간을 요청했다. 의회는 즉각적인 해명을 요구했다. 샹가르니에는 일어나서 그러한 명령은 결코 없었다고 선언했다. 이어서 자신은 항상 의회의 요구에 기꺼이 동조할 것이라는 사실, 충돌이 있을 경우 의회는 자신을 같은 편으로 간주해도 좋다고 덧붙이는 말을 잊지 않았다. 의회는 그의 선언을 감격적인 박수갈채로 받아들였으며 그의 신임안을 통과시켰다. 하지만 의회는 한 장군의 개인적 보호 아래 자신을 내맡김으로써 자신의 지위를 포기했으며 자신의 무능과 군대의 전능함을 선언했다. 그런데 샹가르니에 스스로 보나파르트에게 충성을 대가로 봉토로 받은 권력을 바로 대통령 보나파르트에 반대하는 의회의 요구에 따라 행사해야 한다는, 그리고 자신의 보호가 필요한 시점에 자신의 피보호자인 의회에게서 오히려 보호받기를 기대한다면 그는 스스로를 기만한 것이 된다.

샹가르니에는 1849년 1월 29일 이래로 부르주아가 그에게 부여해 주었던 신비로운 권력을 믿고 있었다. 그는 자신을 두 개의 다른 국가권력체들과 나란히 병존하는 제3의 힘으로 간주했다. 그는 이 시대의 나머지 영웅들, 아니 차라리 성자들과 동일한 운명을 공유하고 있었다. 이들의 위대함은 그들의 당파가 자신들의 이익에 따라 창출해 낸 왜곡된 위대한 평판에 있었으나 상황이 그들에게 기적을 보여 줄 것을 요구하자 곧 평범한 인간으로 전락했다. 일반적으로 영웅이라는 평판을 듣는 자들과 성자들에게 가장 치명적인 적은 바로 불신이다. 그 순간 그들이 할 수 있는 일이라곤 재담가들과 냉소가들이 열광하지 않는 데 대해 위엄에 찬 도덕적 분노를 터뜨리는 것 외엔 아무것도 없다.

같은 날 저녁, 장관들이 엘리제궁에 소집되었다. 보나파르트는 샹가르니에의 파면을 주장했다. 다섯 명의 각료가 서명을 거부했다. 『모니퇴르』지는 내각의 위기를 알렸으며, 질서당의 신문들은 의회의 군대를 샹가르니에의 지휘 아래 둘 것이라고 위협했다. 질서당은 이러한 조치를 취할 수 있는 헌법상의 권한을 지니고 있었다. 그들은 단지 샹가르니에를 국회의장으로 지명하기만 하면 되었으며, 의회 보호를 위해 그들이 필요로 하는 만큼 군대를 징발할 수 있었다. 샹가르니에는 여전히 군대와 파리 국민방위군의 사령관으로 있었고, 자신의 군대와 함께 단지 징발되기만을 기다리고 있었기 때문에 의회는 더욱 안전하게 그러한 일을 할 수 있었다.

보나파르트파 신문들은 그때까지는 당시와 같은 조건 아래서는 결코 성공을 기약할 수 없는 법률적 논란거리였던 군대를 직접 징발할 수 있는 의회의 권리를 단 한 차례도 감히 쟁점화하지 못했다. 보나파르트가 샹가르니에의 파면에 함께 서명할 준비가 되어 있다고 선언한 바라게 디이에와 생장당젤리 장군을 찾기 위해 8일 동안 파리 곳곳을 뒤져야 했다는 점을 상기할 때, 의회가 명령을 내렸다면 군대는 의회의 명령에 따랐을 가능성이 높았다. 그러나 8일 후에는 286표가 질서당에서 이탈하고 1851년 12월 결정의 마지막 순간에 산악당이 그와 유사한 제안을 거부했던 점을 감안할 때, 질서당이 자기 당 소속 의원들 가운데, 또는 의회 안에서 그러한 결정에 필요한 수의 득표를 획득할 수 있었을 것인지는 매우 의심스러웠다.

그럼에도 불구하고 성주들은 여전히 자신들이 총검의 숲 뒤에서 안전하다고 느끼고 자기 진영으로 탈출해 온 군대를 받아들이고 있다는 일종의 영웅주의로 질서당의 대다수를 몰아가는 데 성공했을지도 모른다. 그렇게 하는 대신 1월 6일 저녁 성주들은 엘리제궁으로 몰려가서 정치가적 달변으로 보나파르트의 심사숙고를 촉구하고 그로 하여금 샹가르니에의 파면을 단념하도록 설득했다.

그런데 우리가 어떤 사람을 설득하고자 한다면, 우리는 그를 상황의 주인으로 만들어 줘야 한다. 보나파르트는 이러한 대접에 고무되어 1월 12일에 새 내각을 임명했다. 여기서 구 내각의 지도자인 풀드와 바로슈는 유임되었고 생장당젤리가 육군장관이 되었다. 『모니퇴르』지는 샹가르니에를 파면하는 공고를 게재했으며 그의 지휘권은 제1사단의 지휘권을 이어 받은 바라귀예 디이에와 국민방위군의 지휘권을 이어받은 뻬로가 나눠 가졌다. 사회의 방파제는 해임되었다. 이 때문에 단 하나의 기왓장도 지붕에서 떨어지지 않았지만 증권거래소의 상장주가 지수는 치솟았다.

질서당은 자신들의 의지에 따라 샹가르니에라는 개인에게 위탁했던 군대를 거부함으로써, 그리고 그런 식으로 돌이킬 수 없게 군대를 대통령에게 갖다 바침으로써 부르주아가 지배의 소명을 다했음을 선언했다. 의회가 주도하는 내각은 더 이상 존재하지 않았다. 군대와 국민방위군에 대한 지휘권을 상실한 마당에 의회가 국민으로부터 찬탈한 권위와 대통령에 대한 헌법적 권위를 유지하기 위해 질서당에게는 도대체 어떤 강력한 수단이 남아 있단 말인가? 아무것도 없다. 단지 무기력한 원칙에 호소하는 일만 남아 있을 뿐이었다. 그런데 질서당 자신은 언제나 이 원칙을 상대방에게는 준수하도록 일방적으로 지시하고 이를 통해 자신은 좀 더 자유롭게 행동할 수 있는 일반 규칙으로 해석해 왔다.

샹가르니에가 파면되고 군사력이 보나파르트의 수중에 떨어지게 됨으로써 우리가 살펴보고 있는 질서당과 행정부 사이의 투쟁의 시대 제1부는 그 막을 내렸다. 두 권력체 간의 전쟁은 이제 공공연히 포고되고 공공연히 수행되었다. 그러나 이때는 이미 질서당이 무기와 병사를 잃고 난 뒤였다. 내각도 군대도, 인민도 여론도 없는, 그리고 5월 31일의 선거법 이후에는 더 이상 주권국민의 대표자도 아니며, 눈도 귀도 이빨도 아무것도 없는 의회는 정부의 행동에 자신을 맡겨야 하며 일이 끝난 후에야 뒤늦게 항의하는 데 만족해야 하는 식의, 점차 과거 프랑스 고등법원Parliament[9]으로 변해 갔다.

질서당은 분노의 폭풍으로 새 내각을 맞이했다. 브도 장군은 휴회 기간에 상임위원회가 보여 준 미온적 태도와 동 위원회가 의사록 공개를 보류함으로써 보여 준 지나친 사려 깊음에 대한 주의를 환기시켰다. 내무장관은 이제 스스로 의사록 공개를 주장했다. 이 시점에서 당연히 그것은 아주 진부하게 되었으며 격변의 향락에 지친 대중에게 아무런 영향도 주지 못했다. 레뮈자의 제안에 따라 의회는 자신의 사무실로 되돌아와 "비상조치위원회"를 임명했다. 당시 파리는 무역이 번성하고 공장들은 바쁘게 돌아가며, 곡물 가격은 낮고 식료품이 넘치며, 예금고가 날마다 새롭게 늘고 있었기 때문에 일상의 궤도에서 거의 이탈하지 않았다.

1월 18일, 의회가 떠들썩하게 공표했던 "비상조치"는 샹가르니에 장군

---

9   고등법원은 프랑스 대혁명 이전, 여러 대도시에 설치되어 있던 고등법률기관이었다. 그 가운데 가장 중요한 것이 파리고등법원이었다. 이 법원은 왕령을 기록했으며 간언권, 곧 국가의 법률과 관습에 위배되는 왕령에 항의할 수 있는 권한을 가지고 있었고, 또한 왕족의 부정행위에 대한 감사를 할 수 있었다. 하지만 시간이 지나면서 고등법원의 항의는 사실상 효력이 없는 것으로 되었다. 왜냐하면, 개정 중에 국왕이 친히 왕림하게 되면 왕령의 등록은 의무적인 것이 되었기 때문이다.

에 대해서는 일언반구도 없이 내각에 대한 불신임투표를 하는 것으로 흐지부지 끝이 났다. 질서당은 공화파의 표를 확보하기 위해 자기 당의 동의안을 이런 식으로밖에 기초할 수 없었다. 왜냐하면, 내각의 모든 조치 가운데 샹가르니에의 파면은 공화파가 인정한 유일한 것이었던 반면, 질서당은 사실상 내각의 모든 조치를 자신이 지시하였으므로 그것들을 비난할 만한 입장에 놓여 있지 않았기 때문이다.

1월 18일의 불신임안은 415표 대 286표로 통과되었다. 그것은 극단적 정통왕조파와 오를레앙파가 순수공화파 및 산악당과 연합해 겨우 통과시킨 것이었다. 따라서 그것은 질서당이 보나파르트와의 투쟁에서 내각과 군대뿐만 아니라 자신들의 독자적인 의회의 절대다수까지 상실했음을 입증해 주는 사건이었다. 또한 이것은 일단의 의원들이 화해에 대한 열망, 투쟁에 대한 공포, 피로, 자신과 가까운 사람이 국가에서 봉급을 받는 일에 대한 가족적 고려, 오딜롱 바로의 경우처럼 공석이 되는 장관직이 자기 것이 되지 않을까 하는 투기적 생각, 평범한 부르주아로 하여금 이러저러한 개인적 동기로 자기 계급 전체의 이익을 희생하게끔 하는 얄팍한 이기심 등으로 자기 당에서 이탈하도록 만들었다.

보나파르트파 의원들은 처음부터 혁명에 대한 투쟁이라는 한계 안에서만 질서당에 빌붙어 있었다. 가톨릭파의 지도자 몽탈랑베르는 그 당시 이미 의회 정당들의 생존 전망이 없다고 판단했기 때문에 자기 세력을 모두 보나파르트 편에 던졌다. 마지막으로 질서당의 지도인 오를레앙파의 띠에르와 정통왕조파의 베리에는 자신들이 공화주의자임을 공공연하게 선언하면서도 가슴은 왕당파지만 머리는 공화파이며 의회 공화정이 부르주아 전체의 지배를 위해 유일하게 가능한 통치 형태라는 사실을 실토할 수밖에 없었다. 이렇게 그들은 의회 뒤에서 자신들이 끊임없이 추구해 왔던 왕정복고 계획에 대해 부르주아계급 모두가 보는 앞에서 [그것이]

어리석고 위험한 음모라고 낙인찍을 수밖에 없었다.

1월 18일의 불신임투표는 장관들을 공격한 것이지, 대통령을 겨냥하지는 않았다. 그러나 샹가르니에를 해임한 것은 장관이 아니라 바로 대통령이었다. 그렇다면 질서당은 보나파르트를 탄핵해야만 하는가? 보나파르트의 군주제 부활 욕심 때문에? 그러나 그것은 그들 자신의 욕망을 대신하는 것이었을 뿐이다. 그렇다면 군대 열병식과 '12월10일회'와 관련된 보나파르트의 음모 때문인가? 그들은 이러한 문제들을 오래전에 단순한 의사일정 아래 묻어 버렸다. 1월 29일과 6월 13일의 영웅이며, 1850년 5월, 대중봉기가 일어나면 파리 전역에 불을 지르겠다고 위협한 인물인 샹가르니에를 해임했기 때문인가?

그들의 동맹자인 산악당과 카베냑은 공식적인 유감표명을 통해 파면된 사회의 방파제를 치켜세우는 일조차 질서당에게 허용하지 않았다. 질서당 스스로도 대통령이 장군을 해임할 수 있는 헌법적 권한을 갖고 있다는 사실을 마냥 부정할 수는 없었다. 그들이 분노한 것은 대통령이 자신의 헌법적 권한을 비의회적 방식으로 사용했기 때문이다. 그러나 그들 역시, 특히 보통선거권 폐지를 통해 드러났듯이, 의회 대권을 줄곧 헌법에 반해 사용해 오지 않았는가? 그들은 따라서 엄격한 의회 한계 안에서 움직이는 데 그쳤다. 의회는 1848년 이래 대륙 전체를 휩쓴 치매성 의회병이라는 독특한 질병에 감염되었다.

치매성 의회병은 감염자들을 상상의 세계 속으로 몰아넣고 그들에게서 황폐한 바깥 세계에 대한 모든 감각과 기억, 모든 이해력을 빼앗아 가는 병이었다. 치매성 의회병은 스스로의 손으로 의회권력의 모든 조건을 파괴하고 다른 계급과의 투쟁에서 스스로를 파괴할 운명에 놓여 있던 자들을 감염시켜, 그들이 자신들의 의회적 승리를 여전히 진짜 승리라고 간주하고 장관들에게 타격을 줌으로써 대통령에게도 타격을 주었다고 믿게

끔 했다. 그들은 단지 대통령에게 국민의 면전에서 의회를 새롭게 굴복시킬 수 있는 기회를 부여했을 뿐이다.

1월 20일, 『모니퇴르』지는 내각 총사퇴가 받아들여졌다고 보도했다. 산악파와 왕당파의 합작의 결실인 1월 18일의 불신임투표가 증명해 주었듯이, 어떤 정당도 의회에서 다수를 차지하지 못했다는 구실로, 그리고 새로운 의회 내 다수파가 형성되기 전까지, 보나파르트는 이른바 '과도내각'을 임명했다. 그 가운데 의원은 단 한 명도 포함되지 않았으며, 장관들 모두 전혀 알려지지 않은 하찮은 인물들이었다. 한마디로 단순한 서기와 필경사 내각이었다.

질서당은 이제 이러한 꼭두각시들과 싸우면서 기력을 소진할 수밖에 없었다. 행정권력은 더 이상 의회 안에서 자신이 대표되는 것을 심각하게 생각하지 않았다. 내각이 단순한 앞잡이일수록 보나파르트는 더 명백하게 전 행정권력을 자신의 인격체 안에 집중시켰으며, 자신의 목표를 위해 행정권력을 이용해야 한다는 전망을 더욱 강하게 가졌다.

질서당은 산악당과 연합해 '12월10일회'의 두목이 내각의 자기 부하들로 하여금 제안하도록 했던 180만 프랑의 보조금 지급을 부결시킴으로써 복수했다. 이때에는 불과 102표 차로 결정이 났다. 따라서 1월 18일 이후로 27표가 새로 떨어져 나간 것이다. 질서당의 와해는 진행 일로에 있었다. 동시에 산악당과의 연합의 의미에 관해 조금도 오해가 없게 하기 위해 질서당은 산악당 소속 의원 189명이 서명한 정치범 일반사면 요구안을 단순히 검토하는 것조차 냉소적 태도를 드러냈다. 따라서 내무장관 바이스라는 자로서는 평온은 단지 현상적인 것일 뿐 은밀하고 거대한 선동이 횡행하고 있고 수상한 비밀결사들이 조직되고 있으며, 민주파 신문들이 복간을 준비하고 있고, 또한 각 지방에서의 보고도 불길한데 가령 제네바의 망명자들이 리옹을 거쳐 프랑스 남부 전체에 확산되고 있는 음모를 조직하고 있고 프랑스는 산업 및 상업공황의 문턱에서 허덕거리는 채로 루베의 공장주들은 조업시간을 단축하고 있으며 벨일Belle-ile[10]의 죄수들이 폭동을 일으키려 하고 있다고 선언하는 것만으로도 충분했다.

단순 무식한 바이스조차 붉은 망령을 주술로 불러내는 것만으로 충분했으며, 질서당은 분명 의회에 엄청난 국민적 인기를 가져다주고 보나파르트를 다시 의회 품속으로 끌어들일 수 있는 절호의 기회였던 산악당이 제출한 사면동의안을 토론도 없이 거부했다. 질서당은 행정권력이 새로운 소동의 전망으로 자신을 협박하도록 내버려두지 말고 계급투쟁의 여지를 조금이라도 허용함으로써 행정권력이 자신에게 계속 의존하도록 했어야 했다. 그러나 질서당은 그런 불장난을 칠 만한 여유가 없다고 느꼈다.

이른바 '과도내각'은 4월 중순까지 그런대로 지속되었다. 보나파르트는 계속해서 새로운 내각을 조각함으로써 의회를 지치게 하고 당황하게 만들었다. 그는 라마르틴과 비요 등으로 공화파 내각을 구성하는가 하면, 그다음에는 얼간이를 떠올릴 때면 결코 이름을 빠뜨릴 수 없는 오딜롱 바로로 의회 내각을 구성하고 그다음에는 바띠메닐과 브누아디지를 입각시켜 정통왕조파 내각을, 그리고 다시 그다음에는 말비유가 포함된 오를레앙파 내각을 구성하고자 했다. 이런 식으로 그는 한편으로는 질서당 내 여러 분파 간에 긴장 상태를 조성하고, 공화파 내각과 그에 따라 보통선거권의 부활이 불가피할 것이라는 일말의 가능성을 보여 줌으로써 질서당 전체를 위협했다.

보나파르트는 동시에 부르주아에게는 의회 내각을 구성하려는 그의

10 비스케이(Biscay)만에 있는 섬. 1849년부터 1857년까지 정치범 수용소로 사용되었다. 특히 1848년 6월 봉기에 가담한 노동자들이 이곳에 수용되었다.

정직한 노력이 왕당파의 비타협성 때문에 좌절되고 있다는 확신을 불러일으켰다. 이에 공명하듯 부르주아는 더욱 큰 소리로 "강한 정부"를 부르짖었다. 상업공황이 점차 다가옴에 따라, 파탄에 이를 정도로 낮은 곡물 가격이 농촌에서 사회주의의 지지자를 낳았듯이 상업공황이 도시에서 사회주의 지지자들을 증가시키는 것처럼 보일수록 부르주아들은 더더욱 프랑스를 "행정공백" 상태로 방치하는 것은 참을 수 없는 일이라고 생각하게 되었다.

교역은 나날이 침체했다. 실업자 수는 눈에 띌 정도로 증가했다. 파리에서만 적어도 만 명의 노동자들이 굶주렸다. 루앙, 뮐루즈, 리옹, 루베, 투르쿠앵, 생테티엔, 엘베 등지에서 많은 공장이 가동을 중단했다. 이 상황에서 4월 11일 보나파르트는 1월 18일 내각을 부활하는 모험을 단행할 수 있었다. 이번에는 루에, 풀드, 바로슈 외에 레옹 포세가 보강되었다. 포세는 제헌의회의 마지막 시기에 잘못된 전보를 보냄으로써 불신임투표에서 장관들이 던진 5표를 제외하고는 만장일치로 불신임을 받았던 인물이었다. 따라서 의회는 결국 4월 11일에 풀드와 바로슈가 청교도인 포세를 그들의 내각동맹에 세 번째 멤버로 단지 받아들이게끔 하기 위해서 1월 18일 내각에 대해 승리를 거두었고 3개월 동안 보나파르트와 투쟁해 왔을 뿐이다.

1849년 11월, 보나파르트는 비의회unparliamentary 내각에 만족했다. 1851년 1월에는 원외extra-parliamentary 내각에 만족했다. 4월 11일, 그는 제헌의회와 입법의회, 곧 공화파 의회와 왕당파 의회라는 양대 의회로부터 불신임투표를 조화롭게 결합한 반反의회anti-parliamentary 내각을 결성하기에 충분할 만큼 자신이 강해졌다고 생각했다. 내각 구성의 이러한 단계적 변화는 의회가 자신의 체온이 떨어지고 있음을 알아차릴 수 있는 온도계였다. 4월 말까지 의회의 체온이 급격히 떨어진 결과, 뻬르시니가 개별 면담을 통해 샹가르니에에게 대통령 진영으로 넘어올 것을 권유할 정도였다. 보나파르트는 의회의 영향력이 완전히 소멸할 거라고 기대했으며 그것을 확신했다. 우연히 연기되기는 했지만 서서히 마음에 새겨 두었던 쿠데타 이후에 발표할 포고문은 이미 준비되어 있었다. 샹가르니에는 질서당 지도자들에게 이러한 부고소식을 전했다.

하지만 빈대에 물리는 것이 죽음에 이를 정도로 치명적이라고 믿는 사람이 어디 있겠는가? 이미 찌들고 와해됐으며 죽음의 냄새를 풍기고 있는 의회는 '12월10일회'의 기괴한 두목과 결투를 벌인다기보다는 단지 한 마리 빈대와의 싸움에 불과하다고 스스로를 설득했다. 그러자 보나파르트는 아게실라오스Agesilaus가 아기스Agis 왕[11]에게 했던 것처럼 질서당에게 화답했다.

"나는 그대에게 개미로 보일지 모른다. 그러나 언젠가 나는 사자가 될 것이다."[12]

---

[11] 마르크스는 이 대목에서 이집트의 파라오 테오스를 아게실라오스의 이복 형이자 스파르타의 선왕인 아기스와 혼동한 것으로 보인다. 자세한 내용은 주 12 참조.

[12] 마르크스는 여기서 그리스의 작가 아테나이오스(2-3세기)가 그의 저서 『학자들의 향연』에서 상술한 이야기를 바꾸어 표현하고 있다. 이집트의 파라오 테오스는 자기를 도와주기 위해 군대를 이끌고 온 스파르타의 왕 아게실라오스의 작은 키를 빗대서 다음과 같이 말했다. "산은 분만 중이다. 제우스는 마음을 놓지 못한다. 그러나 산은 쥐새끼를 낳고 말았다." 그러자 아게실라오스는 이렇게 대답했다. "나는 당신에게 쥐새끼로 보일지도 모른다. 그러나 언젠가 사자로 보일 때가 올 것이다."

VI

산악당과 순수공화파의 동맹은 질서당으로 하여금 군사적 지배권을 유지하고 행정권력에 대해 우월한 지배를 다시 획득하고자 했던 시도를 헛되게 했고, 질서당이 의회에서 독자적 다수파의 지위를 명백히 상실했음을 입증해 주었다. 1851년 5월 28일 이래, 질서당의 완전한 해체 신호를 알리는 것은 그야말로 시간문제였다. 5월 28일, 입법국민의회 생애의 마지막 해가 시작되었다. 의회는 이제 헌법을 그대로 둘 것인가, 아니면 개정할 것인가를 결정해야만 했다.

헌법 개정은 부르주아의 지배인가, 아니면 쁘띠부르주아 민주주의인가 프롤레타리아 무정부 상태인가 의회 공화제인가 보나파르트인가를 선택해야 함을 의미하는 것이었을 뿐만 아니라 동시에 오를레앙인가 부르봉인가를 선택해야 함을 의미하는 것이기도 했다. 그러므로 의사당 한 가운데 불화의 사과가 떨어진 셈이며, 질서당을 여러 개의 적대적 분파로 갈라놓았던 이해의 갈등이 공공연하게 타오를 수밖에 없었다. 질서당은 이질적인 사회적 실체들의 화합물이었다. 헌법 개정 문제는 정치에 열을 가해 화합물을 다시 원래의 구성물들로 분해했다.

개헌에 있어 보나파르트파의 관심은 단순한 것이었다. 무엇보다 먼저 보나파르트의 재선을 원천 봉쇄 함으로써 결과적으로 대통령의 권력 연장을 금지한 헌법 제45조의 철폐가 급선무였다. 공화파의 입장도 그에 못지않게 단순해 보였다. 그들은 어떤 식의 개헌도 무조건 반대했다. 그들은 개헌을 공화정에 대한 전면적 음모로 간주했다. 그들은 의석의 4분의 1 이상을 차지하고 있었다. 헌법에 따르면 법적으로 유효한 개헌 결의와 개헌을 위한 의회를 소집하기 위해서는 4분의 3 이상의 찬성표가 필요했기 때문에 자신들의 승리를 확고히 하기 위해서는 단지 자기 당의 표만 지키면 되었다. 그들은 승리를 확신했다.

이들의 분명한 입장에 비해서 질서당은 헤어나기 힘든 모순에 빠져 있었다. 질서당이 개헌을 거부하면 그것은 현상유지를 위협하는 일이 될 것이다. 왜냐하면, 그것은 보나파르트에게 폭력을 유일한 출구로 남겨 줄 것이며, 결정의 순간인 1852년 5월의 둘째 일요일에는 권력을 상실한 대통령과 오랫동안 권력을 잡아 보지 못했던 의회, 그리고 권력을 재탈환하고자 하는 인민들이 빚어내는 혁명적 무정부 상태에 프랑스를 넘겨줄 것이기 때문이다. 질서당은 자신들이 개헌안에 지지투표를 한다고 해도 공화파의 거부권 때문에 자신들의 찬성투표가 무위로 돌아가는 헌법상 관계 규정에 의해 실패할 것이라는 점을 잘 알았다.

헌법을 위반하고 단순 다수 표결을 선언한다면, 그것은 행정권력의 명령에 무조건적으로 자신들을 종속시키는 대가로 혁명의 진압을 바랄 수 있다는 것인데, 그렇다면 그것은 보나파르트로 하여금 헌법과 개헌, 그리고 그들 자신을 지배하도록 해 줄 것이다. 대통령 임기를 연장하는 부분 개헌만을 단행한다면, 그것은 제국 찬탈로의 길을 닦아 주는 것이 될 것이다. 공화정의 수명을 단축시키는 전면 개헌을 한다면, 그것은 각 왕당파의 요구를 피할 수 없는 갈등 속에 몰아넣는 것이 될 것이다. 부르봉 왕조의 부활과 오를레앙 왕조의 부활은 그 구체적 조건이 다를 뿐만 아니라 심지어 상호 배타적 관계에 놓여 있는 것이었기 때문이다.

의회 공화국은 프랑스 부르주아의 양대 파벌인 정통왕조파와 오를레 왕파, 대토지 소유와 근대산업이 평등한 권리를 지닌 채 나란히 살아갈 수 있는 중립지대 이상의 것이었다. 그것은 그들의 공동지배의 필수 불가결 한 조건인 동시에 사회의 여타 계급들의 이익과 개별 정파의 주장을 자신들의 일반적 계급이익에 종속시킬 수 있는 유일한 국가 형태였다. 왕당파로서의 질서당은 그들 사이의 오랜 대립, 곧 토지 소유가 지배권을 가질 것인가, 아니면 화폐가 지배권을 가질 것인가 하는 투쟁 속에 빠져 있었으며 이러한 적대의 최고 표현이자 인격화된 표현이 그들의 왕 또는 그들의 왕조였다. 따라서 부르봉 왕가의 귀환에 대한 질서당 안에서 표출된 갈등과 저항은 이러한 차원에서 이해할 수 있다.

오를레앙파 의원인 크르통은 왕가 추방령 철회 동의안을 1849, 1850, 1851년에 걸쳐 주기적으로 제출했다. 의회는 그때마다 추방된 자신의 왕들이 귀환할 수 있는 문을 완강하게 걸어 잠그는 왕당파 의회라는 진풍경을 계속 연출했다. 리처드 3세는 헨리 6세가 이 세상에 살기에는 너무 선량하기에 천국에 있어야 할 사람이라고 주장하면서 그를 살해했다. 그들은 프랑스가 다시 왕을 갖기에는 상황이 너무 나쁘다고 선언했다. 왕당파는 상황의 힘에 억눌려 공화파로 전향했으며 프랑스로부터 왕을 추방한 인민의 결정을 거듭해서 추인했다.

개헌 문제가 제기됐을 때 ―그리고 상황 때문에 그들은 이것을 고려하지 않을 수 없었다― 공화정 및 두 부르주아 당파의 공동지배 문제가 동시에 거론됐으며, 군주정의 가능성과 함께 군주정이 차례로 대변했던 이해관계의 대립, 한 당파의 다른 당파에 대한 지배권을 둘러싼 투쟁이 재발했다. 질서당의 외교관들은 두 왕조를 통합함으로써, 곧 두 왕당파와 그들 각각의 왕가를 융합함으로써 해묵은 갈등을 중재할 수 있다고 믿었다.

왕정복고파와 7월 왕정파의 진정한 융합은 의회 공화정이었다. 그 속에서 오를레앙파와 정통왕조파의 색깔은 모두 사라지고 부르주아의 다양한 종種들은 유類로서의 부르주아 속으로 자취를 감췄다. 그런데 이제부터는 오를레앙파가 정통왕조파가 되고, 정통왕조파는 오를레앙파가 될 것이었다. 그들 사이의 적대를 체현하고 있는 왕정은 그들의 통일을 구현할 것이다.

그들의 배타적인 당파적 이익의 표현이 그들의 공통된 계급이해의 표현으로 되며, 두 왕정의 폐지, 곧 공화정만이 할 수 있고 또 해 왔던 일이 이제 군주정이 하게 될 일이었다. 이것은 질서당의 박사들이 머리를 짜내 만든 현자의 돌이었다. 마치 정통왕조파의 군주정이 산업부르주아의 군주정으로, 또는 부르주아 군주정이 세습적 토지귀족의 군주정으로 될 수 있는 것인 양. 왕관이 형이건 아우이건 어느 하나의 머리에서 세습될 수만 있다면, 마치 토지 소유와 산업이 하나의 왕관 아래에서 화목하게 지낼 수 있는 것인 양. 토지 소유가 자신도 산업적으로 되겠다고 결심하지 않음에도 산업과 토지 소유가 화해할 수 있는 것인 양. 물론 앙리 5세가 내일 죽는다 해도 파리 백작은 자신이 오를레앙파의 왕이기를 그치지 않는 한 그 이유만으로 정통왕조파의 왕이 되지는 않을 것이다.

개헌 문제가 전면에 대두될수록 목청을 더욱 높였던 융합의 철학자들, 그들은 『국회』지를 일간 기관지로 삼고 바로 이 순간(1852년 2월)에도 똑같은 활동을 재개한다. 그들은 모든 난점이 두 왕조 간의 대립과 경쟁심에 기인하는 것이라고 간주했다. 오를레앙가와 앙리 5세를 화해시키려는 시도, 곧 루이 필리프가 사망하면서부터 시작되었으나 일반적으로 왕가의 음모들이 그러하듯이 의회 휴회 기간에 막간의 무대 뒤에서만 연출되었을 뿐이며, 신중한 사업이라기보다 낡은 미신을 감상적으로 희롱하는 것에 지나지 않았던 그러한 화해 시도는 이제까지의 아마추어 예술가 대신 질서당이 공공무대에서 연출하는 국사극으로 돌변했다.

두 왕당파의 전령들이 파리에서 베네치아로, 베네치아에서 클레어몬트로, 클레어몬트에서 파리로 내달렸다. 샹보르 백작은 "모든 가족성원의 도움을 받아" 자신의 복고가 아닌 "국민적" 왕정복고를 선언했다. 오를레앙파의 살방디는 앙리 5세에게 충성을 맹세했다. 왕정복고파의 두목인 베리에, 브누아다지, 생프리에스트는 오를레앙 일가를 설득하기 위해 클레어몬트로 갔지만 헛수고였다. 융합파는 부르주아 두 당파 간의 이해가 가문의 이해, 곧 두 왕가의 이해라는 형태로 첨예화되면 배타성을 버릴 수도 없고 유연성을 버릴 수도 없다는 사실을 인식했지만 이미 때는 늦었다.

두 왕조의 융합을 그나마 성취할 수 있는 유일한 방안이라 할 수 있는, 다시 말해 앙리 5세가 파리 백작을 자신의 후계자로 인정한다 해도 오를레앙가의 입장에서는 앙리 5세가 후사가 없음으로 해서 자신들에게 이미 보장되어 있던 권리를 받는 것에 불과했으며, 대신 7월 혁명을 통해 획득했던 모든 권리를 상실하는 것을 의미했다. 그것은 오를레앙가의 원래의 권리뿐만 아니라 그들이 근 100년 동안의 투쟁 속에서 부르봉가의 조상들에게서 쟁취한 모든 특권의 포기를 의미했다. 그것은 그들의 역사적 특권, 근대 왕가의 특권을 혈통의 특권과 바꿔 버리는 것을 의미했다. 따라서 융합은 오를레앙가의 자발적 왕위 양도와 정통주의를 위한 왕위 포기, 프로테스탄트 국교회로부터 가톨릭으로의 모욕적 퇴각일 따름이었다. 더구나 이러한 퇴각은 오를레앙가를 그들이 잃어버린 왕좌로 보내 주는 것이 아니라, 그들이 원래 태어났던 곳, 즉 왕좌의 계단 밑으로 안내하는 것이었다.

융합을 중재하기 위해 클레어몬트로 달려간 과거 오를레앙파의 장관들이었던 기조, 뒤샤텔 등은 7월 혁명에 대한 일말의 양심의 가책, 부르주아 왕정과 부르주아 군주정에서 느꼈던 절망, 무정부 상태에 대한 최후의 보루로서 정통왕조주의에 대한 미신적 믿음을 대변하고 있었을 뿐이다. 그들은 스스로를 오를레앙가와 부르봉가의 중재자라고 생각했으나, 사실상 그들은 오를레앙파의 배교자들이었을 뿐이다. 루이 필리프의 아들인 주앵빌 공작도 그들을 그렇게 간주했다.

반면 오를레앙파의 설득력 있고 호전적 일파인 띠에르, 바즈 등은 루이 필리프의 가족들을 더욱 쉽게 설득할 수 있었다. 곧 왕정의 직접적 부활이 두 왕조의 융합을 전제로 한다면, 그리고 그러한 융합이 오를레앙가의 퇴위를 전제로 한다면, 오히려 그 반대로 잠시 공화국을 인정하고 상황이 대통령의 자리를 왕위로 전환하는 것을 허용할 때까지 기다리는 것이 그들 조상의 전통과 전적으로 일치하는 것이라고 설득했다. 주앵빌 공작이 대통령 선거에 출마한다는 소문이 나돌았고, 여론 또한 반신반의하면서도 호기심을 내비쳤다. 그리고 몇 달 후인 9월, 개헌이 무산되자 그는 출마를 공식적으로 발표했다.

오를레앙파와 정통왕조파 사이에서 왕당 합당을 하려는 시도는 이와 같이 실패했을 뿐만 아니라 의회적 융합, 곧 그들 공통의 공화주의적 형식을 파괴했으며 질서당을 원래의 구성요소로 분해했다. 클레어몬트와 베네치아 사이의 골이 깊어질수록, 양자 간의 화해가 무너질수록, 보나파르트의 각료 포세와 정통왕조파 간의 협상은 더욱 진지하고 열성적으로 되어 갔다.

질서당의 해체는 원래의 구성요소로 분해되는 데 그치지 않았다. 두 개의 거대파벌은 다시 내부적으로 새로운 해체를 경험했다. 정통왕조파든 오를레앙파든 간에 두 파벌 내부에서 이전부터 서로 밀치고 싸워 왔던 모든 미묘한 입장의 차이들이 물을 만난 건조한 적충류滴蟲類[1]와도 같이 자신들 고유의, 그리고 독자적인 적대그룹을 형성하기에 충분한 활력을 새로 획득한 것처럼 보였다. 정통왕조파는 다시 뛸레리궁과 마르상별궁[2] 사이의 논쟁, 빌렐과 뽈리냑의 논쟁 속으로 되돌아가기를 꿈꾸었다.[3] 오를 레앙파도 기조, 몰레, 브로이, 띠에르, 오딜롱 바로가 경합을 벌였던 황금 시대를 회상했다.

질서당 가운데 개헌을 열망했던 분파는 개헌의 범위를 놓고 다시 분열 했다. 그중 정통왕조파는 한편으로는 베리에와 팔루가 이끄는 일파와 라 로슈자클랭이 이끄는 일파로 구성되어 있었다. 투쟁에 심신이 지친 몰레, 브로이, 몽탈랑베르, 오딜롱 바로가 이끄는 일단의 오를레앙파들은 다음 과 같이 불명료하고 엉성하게 짜인 동의안을 놓고 보나파르트파 의원들 에게 동조했다.

"아래 서명한 의원들은 국민들이 완전한 주권행사를 행사할 수 있도록 하기 위해 헌법 개정 동의안을 제출한다."

그들은 이와 함께 자신들의 대변인인 토크빌을 통해 현 입법의회는 공 화정 폐지를 제안할 권리를 갖고 있지 못하며 그 권리는 헌법개정위원회 에만 있다고 만장일치로 선언했다. 그 밖에 헌법은 "합법적" 방법에 따라 헌법이 규정하는 대로 4분의 3 이상의 표가 개헌을 지지하는 경우에만 개 정될 수 있다고 선언했다. 6일 동안의 격렬한 토론이 끝난 후인 7월 19일, 개헌안은 예상대로 부결되었다. 446표가 개헌에 찬성했고 278표가 반대

---

1   오염된 물이나 부패 유기물의 삼출액 중에 있는 원생동물군을 가리키는 별칭이다.
2   뛸레리궁은 파리에 있는 성으로 루이 18세의 거주지이며 그 성안에 있는 마르상별궁은 복고왕 정 시대에 다르투아 백작의 거주지였다.
3   이것은 왕정복고 기간에 정통왕조파 진영에서 발생한 전략상의 견해차를 가리키는 것이다. 루 이 18세와 빌렐은 반동적 조치를 좀더 조심스럽게 취하고자 했고 반면에 다르투아 백작(1824년 부터 샤를 10세)과 뽈리냑은 프랑스 상황을 완전히 무시하고 혁명 이전의 체제로 복귀할 것을 주 장했다.

했다. 골수 오를레앙파인 띠에르, 샹가르니에 등은 공화파 및 산악당과 보조를 맞춰 반대표를 던졌다.

의회 다수파는 현행 헌법 반대, 곧 개헌을 표명했지만, 현행 헌법은 소수파를 지지해 소수파의 투표가 구속력이 있다고 선언했다. 하지만, 질서당은 1850년 5월 31일과 또 1849년 6월 13일에도 헌법을 의회 다수파의 의사에 종속시키지 않았던가? 지금까지 질서당의 모든 정책은 헌법 조문을 의회 다수파 결정에 종속시키는 데 바탕을 두지 않았던가? 질서당은 헌법 문구에 대한 구약성서풍의 미신적 믿음은 민주파에게 맡기고 그것을 빌미로 민주파를 비난하지 않았던가? 그러나 현행 헌법의 고수가 보나파르트의 해임을 의미하는 것에 다름없었던 것처럼 개헌은 현 대통령의 권력을 연장하는 것을 의미할 뿐이었다. 의회는 보나파르트에게 찬성한다는 뜻을 밝혔으나 헌법은 의회에 반대한다는 뜻을 표했다. 따라서 보나파르트는 헌법을 파괴하면 의회의 정신에 따라 행동하는 것이 되었으며, 의회를 해산한다면 헌법 정신에 따라 행동하는 것이 되었다.

의회는 헌법을 선포했지만 헌법과 더불어 의회 자신의 규칙은 "다수파를 초월해" 있다고 선언했다. 의회는 스스로의 투표에 의해 헌법을 철폐했으며 대통령 권력을 연장시켜 주었다. 이와 동시에 의회는, 의회가 존재하는 한 헌법이 죽는 일도 대통령 권력이 사는 일도 가능하지 않다고 선언했다.

문 앞에는 의회를 파묻어 버릴 사람들이 서 있었다. 의회가 개헌 문제를 토론하는 동안 보나파르트는 우유부단한 것으로 드러난 바라귀에 장군을 제1사단 사단장에서 해임하고 대신에 리옹의 승리자이자 12월 쿠데타의 영웅이며 그의 최측근 가운데 한 사람인 마냥 장군을 그 자리에 임명했다. 그는 루이 필리프 치하의 볼로냐 원정 때부터 이미 보나파르트에 우호적인 견해를 가지고 있던 인물이었다.

질서당은 개헌 문제에 관한 자신의 결정을 통해 [그들이] 지배하는 방법도 복종하는 방법도 모른다는 점을 증명했다. 또한 그들은 사는 방법과 죽는 방법, 공화국을 살리는 방법과 죽이는 방법, 헌법을 보존하는 방법과 그것을 폐지하는 방법, 대통령과 협력하는 방법과 결별하는 방법도 모르고 있음을 폭로했다. 그렇다면 질서당은 누가 이 모든 모순을 해결해 줄 것이라고 기대했는가? 그들은 그것을 세월과 사건의 흐름에 내맡겼다. 질서당은 사건을 주도하겠다는 생각을 포기했다.

질서당이 사건에 도전한 것은 그것이 자신에 대한 지배권을 행사하도록 하기 위한 것이었고, 또한 그들이 대통령 권력에 도전한 것은 인민에 대한 투쟁 속에서 의회가 보유하고 있는 권리를 차례로 행정권력에 양도하여 스스로 무기력하게 되기 위한 것이었다. 행정권력의 우두머리가 질서당에 대한 반대 투쟁 계획을 방해받지 않고 작성할 수 있도록 하기 위해, 그리고 공격수단을 강화하고 자신의 도구를 선택하며, 자신의 입장을 강화할 수 있도록 하기 위해, 질서당은 이처럼 결정적 순간에 무대에서 퇴장해 8월 10일부터 11월 4일까지 3개월간의 휴회를 결정했다.

이 의회 정당은 두 개의 큰 파벌로 분열했다. 각 분파는 다시 자체적으로 사분오열했을 뿐만 아니라, 원내 질서당은 원외 질서당과도 분열되었다. 부르주아의 대변자들, 그들의 연단과 신문, 요컨대 부르주아의 이론가들과 부르주아 자신, 대표자와 대표되는 자들이 서로 소원한 상태로 마주보고 있었으며, 더 이상 서로를 이해하지 못하게 되었다.

제한된 시야와 무제한적 열정을 동시에 지닌 지방의 정통왕조파들은 자신들의 의회 지도자인 베리에와 팔루가 앙리 5세로부터 이탈해 보나파르트의 진영으로 투항했다고 비난했다. 부르봉 왕조의 문양과 같이 단순하기만 했던 그들의 심성은 인간의 타락을 믿었을 뿐이며 외교술을 믿지는 않았다.

이보다 더 치명적이고 결정적인 것은 상업부르주아와 그들을 대변하는 정치가들의 결별이었다. 정통왕조파가 원칙을 저버렸다고 자신들의 정치가를 비난했던 것과는 정반대로 상업부르주아는 오히려 자기네 정치가들이 쓸모없는 원칙에 매달린다고 비난했다.

나는 앞에서 이미 풀드의 입각 이후 루이 필리프 치하에서 최대 권력을 보유하고 있던 상업부르주아 일파인 금융귀족이 보나파르트파가 되었다는 사실을 지적한 바 있다. 풀드는 증권거래소에서 보나파르트의 이해를 대변했을 뿐만 아니라, 동시에 보나파르트 앞에서는 증권거래소의 이해를 대변했다. 금융귀족의 입장은 그들의 유럽 기관지로 런던에서 발행되는 『이코노미스트』지에 가장 뚜렷하게 묘사돼 있다. 1852년 2월 1일 자 신문에서, 그 신문의 파리 통신원은 다음과 같이 쓰고 있다.

"우리는 프랑스가 이제는 무엇보다도 평온을 요구한다는 각계각층의 소리를 듣고 있다. 대통령은 의회에 보내는 교서에서 그렇게 선언하고 있다. 그 메아리는 신문에서도 들려온다. 그것은 잡지에서도 주장되고 있는 바이다. 그것은 설교단에서도 들려온다. 그것은 조금이라도 소란의 기미가 있을 때 국채가 민감한 반응을 보이고, 행정부의 승리가 명백해질 때 국채가 안정된다는 사실로도 입증된다."

1851년 11월 29일 자 『이코노미스트』지는 사설을 통해 다음과 같이 선언하고 있다.

"대통령은 질서의 수호자이며 지금은 유럽의 모든 증권시장에서 그렇게 이해되고 있다."

금융귀족은 행정권력에 대한 질서당의 의회 투쟁을 질서의 교란이라 비난했으며, 자신들의 겉치레 대표자들에 대한 대통령의 승리를 질서의 승리라고 박수갈채를 아끼지 않았다. 여기서 금융귀족을 단순히 공채인 수업자, 공채투기업자로 이해해서는 안된다. 그들의 이해가 국가권력의 이해와 일치한다는 점은 명백하다. 모든 근대적 금융업, 모든 은행업은 국가신용과 밀접하게 얽혀 있다. 그들의 사업자금 가운데 일부는 용이하게 현금화될 수 있는 국채에 이자를 받고 투자되며 대출된다. 그들의 적립금, 그들의 처분에 맡겨지며 그들에 의해 상업 및 산업자본가에게 배분되는 자본은 부분적으로는 정부가 발행한 채권 소유자의 배당금으로부터 나온다. 시대를 막론하고 국가권력의 안정성이야말로 전체 금융시장과 이 금융시장의 성직자들에게 모세와 같은 예언자와 동격이라면, 대홍수가 낡은 국가는 물론이고, 그것과 함께 낡은 국가의 채무까지도 휩쓸어 버릴 것처럼 위협하는 오늘날, 더욱 그렇지 않을 이유가 어디에 있겠는가?

질서에 열광하는 산업부르주아 역시 원내 질서당이 행정권력과 사소한 언쟁을 벌이는 것에 분노했다. 샹가르니에의 해임 즈음해 있었던 1월 18일의 투표 직후, 띠에르, 앙글레, 생트뵈브 등은 공업지대에 있는 자신들의 선거구민들로부터 공개적 질책을 받았다. 특히 그들이 산악당과 손을 잡는 것은 질서에 대한 반역이라고 비난받았다. 앞에서 살펴본 바와 같이 대통령에 대한 질서당의 투쟁을 특징지었던 거만한 조소와 사소한 음모가 더 이상 대접받을 수 없다면, 다른 한편으로는 자신들의 의회 대표자들로 하여금 아무 저항 없이 군사권을 모험적인 왕위 계승 요구자에게 넘길 것을 요구한 이 부르주아 일파에게는 자신의 이익을 위해 꾸며진 음모까지도 가치 없는 것이었다. 그것은 부르주아계급이 자신들의 공개적 이익, 자신들의 계급이익, 자신들의 정치권력을 유지하기 위한 투쟁이 개인적 사업에 방해가 될 때에는 여지없이 그것을 교란하고 뒤집어엎는다는 사실을 증명하는 것이었다.

　거의 예외 없이 지방 도시의 부르주아 명사들, 지방 행정당국의 관헌들, 상업재판소의 판사들은 보나파르트가 순방하는 동안 모든 곳에서 비굴한 자세로 그를 맞이했다. 심지어 보나파르트가 디종에서와 같이 의회, 특히 질서당에 대해 막무가내의 공격을 가했을 때조차 그러했다.

　1851년 초에도 그러했듯이, 무역경기가 좋았을 때 상업부르주아는 교역 상황이 악화되지 않도록 하기 위해 어떤 의회 투쟁에 대해서도 분노했다. 1851년 2월 말부터 줄곧 그랬듯이 무역경기가 악화되면 될수록 상업부르주아는 의회 투쟁이 경기침체의 원인이라고 비난하면서 무역경기가 호전될 수 있도록 정치투쟁을 중지하라고 소리 높여 외쳐 댔다. 개헌 논의는 이처럼 나쁜 시점에서 진행되었다.

　여기서의 문제의 핵심은 기존의 국가 형태가 지속되느냐 지속되지 않느냐 하는 것이었기 때문에 부르주아는 의원들에게 이처럼 고통스러운 과도 상태를 종결하고 현상유지를 요구하는 것이 보다 온당한 일이라고 생각했다. 여기에는 그 어떤 모순도 없었다. 과도적 상태의 종결에 대해 상업부르주아는 현 상태가 그대로 지속되는 것, 따라서 어떤 결정에 도달해야만 하는 시점을 먼 미래의 일로 연기하는 것으로 이해했다.

　그런데 현상유지는 다음 두 가지 방법으로만 달성할 수 있었다. 하나는 보나파르트의 임기 연장이며, 다른 하나는 헌법에 따른 보나파르트의 퇴임과 카베냑의 선출이었다. 부르주아의 한 분파는 후자의 해결책을 희망했으나 의원들에게 그러한 충고를 하는 것보다 침묵을 지키면서 현안 문제를 그대로 남겨 두는 것이 낫다는 사실을 알았다. 그들의 의원들이 시끄럽게 떠들어 대지만 않는다면 보나파르트도 가만히 있을 것이라는 데 의견이 일치했다. 그들은 머리를 숨기고 남의 눈에 띄지 않기를 바라는 타조 국회를 원했다. 부르주아의 다른 일파는 보나파르트가 이미 대통령직을 수행하고 있는 마당에, 그냥 그를 그 자리에 계속 둠으로써 모든 것이 옛날과 같은 방식으로 똑같이 반복되기를 희망했다. 그들이 분노한 것은 그들의 의회가 헌법 개정, 곧 공공연하게 헌법을 침해하지 않고 아무런 의식 절차 없이 해산했기 때문이다.

의회가 휴회 중이었던 8월 25일부터 시작된 대부르주아의 지방 대변기구인 각 현 총회는 거의 만장일치로 개헌을 찬성하는, 따라서 의회에 반대하고 보나파르트를 지지하는 선언을 발표했다.

부르주아는 자신의 의회 대표자들과의 결별 때보다 훨씬 더 솔직하게 자신들의 문필 대표자인 언론에 대한 분노를 표시했다. 부르주아 재판관들은 보나파르트의 권력 찬탈에 대한 부르주아 저널리스트들의 모든 공격과 행정권력에 대항해 부르주아의 정치적 권리를 지키려는 언론의 모든 시도에 대해 막대한 벌금형과 파렴치한 금고형을 선고했다. 이 조치는 프랑스뿐 아니라 유럽 전체를 놀라게 했다.

앞에서 지적했듯이, 한편으로 의회 내 질서당은 평온을 주장하면서 침묵을 지켰으며, 그리고 사회의 다른 계급들과 투쟁하는 가운데 스스로의 손으로 자신의 지배체제인 의회가 존재할 수 있는 모든 조건을 파괴함으로써 부르주아의 정치적 지배는 부르주아의 안전 및 생존과 양립할 수 없다고 선언했다. 다른 한편으로 의회 바깥의 부르주아 무리는 대통령에게 굴복하여 의회를 비방하고, 그리고 자신의 언론을 가차 없이 탄압함으로써 자신의 정치가들과 문필가들, 자신의 연단과 언론을 탄압하고 폐지하도록 보나파르트를 유도했다. 그들은 그렇게 함으로써 강력하고 제약받지 않는 정부의 보호 아래 완전한 확신을 가지고 자신들의 사업을 추진할 수 있다고 생각했다. 부르주아는 지배에 수반되는 성가심과 위험 소지를 제거하기 위해 자신의 정치적 지배를 단념할 것임을 희망한다고 분명하게 선언했다.

자신의 계급의 지배를 위한 단순한 의회적 투쟁과 문필 투쟁에 대해서도 이미 반기를 들고 그러한 투쟁의 지도자들을 배반했던 의회 바깥의 부르주아는 이제 자신들을 위해 프롤레타리아가 생사를 건 유혈투쟁을 일으키지 않았다고 뒤에서 프롤레타리아를 비난하기에 이르렀다! 매번 가장 편협하고 옹졸한 개인적 이익을 위해 자신의 전체적 계급이익, 즉 정치적 이해를 희생하고 자신의 의원들에게도 유사한 희생을 요구했던 이들 부르주아는 이제 프롤레타리아가 자기 계급의 물질적 이익을 위해 부르주아의 정치적 이상을 희생시켰다고 탄식한다. 그들은 마치 자신들이 사회주의자에게 잘못 이끌려진 프롤레타리아에 의해 결정적 순간에 오해되고 버림받은 마음 착한 사람들인 양 하는 태도를 취했다.

이 주장은 부르주아 세계에 광범위한 반향을 불러일으켰다. 물론 나는 여기서 독일의 엉터리 정치가들이나 엉터리 기자들을 언급하고 있는 것이 아니다. 예를 들면, 나는 앞서 인용한『이코노미스트』지를 지목한다. 쿠데타 발발 4일 전인 1851년 11월 29일 자 기사에서 보나파르트는 "질서의 옹호자"이지만 질서당의 양대 지도자인 띠에르와 베리에는 "무정부주의자"라고 선언했다. 보나파르트가 이들 무정부주의자를 침묵시킨 후인 1851년 12월 27일 자 기사에서는 "무지하고 교육받지 못했으며, 우둔한 프롤레타리아 대중이" "중류 및 상류계층의 숙련된 기술, 지식, 규율, 정신적 영향력, 지성적 자질 및 도덕적 중후함"을 배반했다고 규탄했다. 하지만, 정작 어리석고 무지하며 비열한 대중은 다름 아니라 부르주아 자신이었다.

1851년, 프랑스는 일종의 가벼운 상업공황을 경험했다. 1850년과 비교할 때, 2월 말의 수출은 감소했다. 3월에는 교역이 부진했으며 일부 공장이 문을 닫았다. 4월에는 공업 지역의 상황이 2월 혁명 후의 경우처럼 절망적인 것으로 나타났다. 5월에도 경기는 여전히 회복되지 않았다. 6월

28일에 이르러서도 프랑스 은행의 장부는 예금의 엄청난 증대와 동시에 환어음 할인의 급격한 감소에 의해 생산이 정체되었음을 보여 주었다. 경기가 점진적으로나마 호전되기 시작한 것은 10월 중순에 이르러서였다.

프랑스 부르주아는 이러한 경기침체를 순전히 정치적인 원인, 곧 의회나 행정권력 사이의 투쟁, 임시적인 것에 지나지 않는 국가 형태가 지니는 불안정성, 1852년 5월의 둘째 일요일에 대한 공포 어린 전망 등의 탓으로 돌렸다. 나는 이러한 모든 상황이 파리 및 지방의 일부 산업 부문에 경기침체 효과를 주었다는 사실을 부정하고자 하는 것은 아니다. 그러나 어떠한 경우에도 이와 같은 정치적 조건들의 영향은 단지 부분적일 뿐이며 대수롭지 않은 것이었다. 이 점은 정치 상황이 악화되고 정치적 전망이 어두워지며 어느 순간엔가는 엘리지움으로부터의 벽력이 예견되었던 그 순간인 10월 중순경부터 경기가 호전되었다는 사실만으로도 충분히 증명되는 것이 아닐까? 한 치 앞을 내다보지 못하면서도 소위 "숙련, 지식, 정신적 통찰력, 지성적 자질"을 지녔다고 거들먹거리던 프랑스 부르주아들은 런던 산업박람회 전 기간을 통해서야 비로소 자신의 상업적 곤경의 원인을 올바로 이해할 수 있었다.

프랑스의 공장들이 문을 닫는 동안, 영국에서는 상업적 파산이 발발했다. 산업공황이 프랑스에서 절정에 달했던 4월과 5월에, 영국에서는 상업공황이 절정에 달했다. 프랑스의 모직공업과 마찬가지로 영국의 모직공업도 고전했으며, 견직공업의 상황 또한 다르지 않았다. 영국의 면직공장들이 계속해서 가동된 것은 사실이지만, 더 이상 1849년과 1850년도와 같은 이윤을 내지는 못했다. 유일한 차이는 프랑스의 공황은 산업 부문에서 왔고 영국은 상업공황이었다는 점이다. 프랑스의 공장들이 조업을 중단했던 반면, 영국의 공장들은 전년보다도 훨씬 불리한 조건에 놓여 있었음에도 불구하고 조업을 확대시켰다는 것과 프랑스에서는 수출이, 영국은 수입이 가장 큰 타격을 입었다는 사실뿐이다. 프랑스나 영국이나 공통의 원인이 있었던 게 분명하며, 따라서 그 원인 역시 프랑스 일국의 정치 지평의 한계 내에서 구해질 성질이 아니었다.

1849년과 1850년은 가장 큰 물질적 번영의 시기였지만 동시에 과잉생산 —이 징후는 1851년에 비로소 확실히 나타났지만— 의 시기였다. 이러한 번영과 과잉생산은 특히 산업박람회에 대한 기대 때문에 한층 더 촉진되었다. 게다가 다음과 같은 특수한 상황이 있었다. 처음에는 1850년과 1851년에 면화 생산에 부분적 흉작이 발생했으나, 그다음에는 예상을 초과하는 훨씬 많은 면화 생산의 풍작이 확실히 예견되었다. 따라서 처음에는 면화 가격이 폭등하고 다음에는 폭락하는 식의, 요컨대 면화 가격상의 파동이 있었다. 적어도 프랑스에서만큼은 비단의 원료인 생사生絲 수확량이 평균 수확량을 밑도는 것으로 나타났다. 모직공업은 1848년까지 급속히 팽창하여 마침내 양모 생산이 모직공업 발전에 보조를 맞추지 못하게 되었으며 원모 가격이 모직 제품 가격에 비해 터무니없이 급등했다. 그러므로 여기 세계시장을 겨냥한 세 개의 산업 원료 속에서 우리는 이미 경기 침체를 야기하는 삼중의 소재를 이미 가지고 있었던 것이다.

이처럼 특수한 상황을 논외로 한다면, 외견상 공황으로 보이는 1851년의 상황은 과잉생산과 과잉투기가 끊임없이 산업주기를 형성해 가는 가운데 이러한 주기의 마지막 단계를 격렬하게 통과하여 다시 한번 그 주기의 출발점인 전반적 상업공황에 도달하기 위해 모든 힘을 불러내기에 앞서 잠시 휴식을 취하는 것에 불과했다. 상업 전체의 역사에서 그와 같은 막간기에 영국에서는 상업적 파산이 발발했던 반면, 프랑스에서는 공업이 침체했다. 이것은 프랑스 공업이 한편으로는 모든 시장에서 영국과의 경쟁에 견디지 못하고 패배했기 때문이며, 또 부분적으로는 경기침체 여파가 사치품 생산에 집중됐기 때문이다.

일반적 형태의 공황 이외에도 프랑스는 자체의 상업공황을 경험했지만, 그것은 프랑스 국내의 영향력보다는 세계시장의 일반적 상황에 따라 더 크게 결정되고 조건 지어졌다. 그러므로 영국 부르주아의 냉정한 판단과 프랑스 부르주아의 말도 안 되는 편견을 대조해 보는 것에 흥미가 없지는 않을 것이다. 1851년에 대한 연례 거래보고서에서 리버풀의 가장 큰 상사 가운데 하나는 다음과 같이 쓰고 있다.

"연초의 기대를 작년보다 더 처절히 무산시킨 해는 거의 없었다. 사람들이 대부분 만장일치로 전망했던 대번영 대신 작년은 지난 25년 동안 가장 위축된 한 해였다. 이것은 물론 제조업이 아니라 상업계층에만 해당되는 말이다. 작년 한 해가 시작될 무렵에는 현실에서 실제 벌어진 사태와는 정반대 결과를 예측할 수 있는 근거들이 분명히 있었다. 제품 재고량은 적절했고 자본은 풍부했다. 식료품 가격은 저렴했고 풍작이 보장된 듯했다. 대륙에서는 평화가 지속되고 국내에서는 정치적 혼란이나 재정상의 혼란이 없었다. 실로 상업의 날개가 이보다 활짝 펼쳐진 적은 결코 없었다. … 그렇다면 이처럼 가히 재앙적이라 할 만한 결과를 초래한 원인을 어디에서 찾을 수 있을 것인가? 우리는 수출입 양면에 있어서의 과잉 교역에 원인이 있다고 생각한다. 우리의 상인들이 자신들의 활동에 엄격한 제약을 가하지 않는다면, 우리를 제어할 수 있는 것은 3년에 한 차례씩 돌아오는 공황밖에 없을 것이다."

이제 이러한 경기침체의 고비에서 교역병에 걸린 프랑스 부르주아의 두뇌가 얼마나 고통받았는지 상상해 보라. 쿠데타와 보통선거의 부활에 관한 소문, 의회와 행정부와의 갈등, 오를레앙파와 정통왕조파 간의 프롱드식 전쟁(귀족전쟁), 니에브르와 셰르 지방에서의 이른바 자크리의 난(농민 반란), 대통령 입후보자들의 서로 다른 선전, 언론의 과장된 구호들, 헌법과 보통선거권을 위해 무장투쟁 하겠다는 공화파의 위협, 1852년 5월 두 번째 일요일이야말로 세계 종말의 날이 될 것이라고 선언한 외국에 있는 망명 영웅들의 복음 등에 의해 그들이 얼마나 갈피를 못 잡고 갈팡질팡하며 현기증을 일으켰는지 상상해 보라. 이 모든 것을 생각한다면 독자들은 이와 같이 말로 표현할 수 없고 귀가 멍멍할 정도의 혼란, 융합, 개헌, 임기 연장, 헌법, 음모, 동맹, 망명, 권력 찬탈, 혁명의 혼란 속에서 어째서 부르주아가 자신의 의회 공화국에 "종말이 없는 공포보다는 공포가 있는 종말이 차라리 낫다!"고 미친 듯이 외쳐 댔는지를 이해할 수 있을 것이다.

보나파르트는 프랑스 부르주아들의 절규의 의미를 간파했다. 그의 이해력은 채권자들의 점증하는 광폭함 때문에 한층 더 예리해졌다. 이 채권자들은 1852년 5월의 두 번째 일요일, 곧 결제일을 하루하루 앞당기는 매일매일의 일몰과 함께 지상에서 그들의 채권 상환을 거부하는 별들의 운행을 보았다. 그들은 진정한 점성가가 되어 갔다. 의회는 헌법에 합치하는 방식으로 권력 연장을 바랐던 보나파르트의 꿈을 산산조각 내 버렸다. 주앵빌 공이 출마한다고 함에 따라 더 이상의 망설임은 불가능해졌다.

실체가 나타나기에 앞서 먼저 그 그림자를 던진 사건이 있다면 그것은 바로 보나파르트의 쿠데타였다. 보나파르트는 자신이 당선된 지 겨우 한 달 후인 1849년 1월 29일에 이미 샹가르니에에게 쿠데타를 제의했다. 1849년 여름, 보나파르트 자신의 수상이었던 오딜롱 바로는 쿠데타 책략을 은밀하게, 1850년 겨울 띠에르는 공개적으로 고발했다. 1851년 뻬르시니는 샹가르니에를 쿠데타에 끌어들이려고 한 차례 더 교섭을 시도했다. 『의회회보Le Messager de l'Assemblée』지는 이러한 교섭을 공개했다.

의회가 소란해질 때마다 매번 보나파르트파 언론들은 쿠데타로 위협했으며, 위기가 다가올수록 그들의 목소리도 높아져 갔다. 보나파르트가 매일 밤을 "고상한 건달집단들"에 속한 신사 숙녀들과 함께 먹고 마시고 떠드는 술자리에서, 밤이 깊어 가고, 그리고 거듭되는 건배제의가 혀를 풀리게 하면서 상상력에 불을 댕기자마자, 쿠데타는 다음 날 아침 반드시 실행에 옮겨질 예정이었다. 칼을 뽑아 치켜들었고, 잔들을 소리 나게 부딪쳤으며, 의원들이 창밖으로 도망가면 황제의 망토가 보나파르트의 어깨 위에 걸쳐졌다. 그러나 아침이 되면 쿠데타의 유령은 자취를 감췄다. 발작적으로 반복되는 쿠데타설說에 화들짝 놀란 파리는, 말 많은 여신과 경솔한 협객으로부터 자신이 다시 한번 위험에서 벗어났다는 말을 들었다.

9월과 10월 두 달 동안 쿠데타와 관련된 풍문이 꼬리에 꼬리를 이었다. 동시에 이 그림자는 다채로운 색깔의 은판사진처럼 날마다 새롭게 덧칠을 더해 갔다. 유럽 일간신문들에서 9월과 10월분 기사를 찾아보기만 하면 독자들은 다음과 같은 암시를 더해 주는 말뿐인 기사를 그대로 발견할 것이다. "파리는 쿠데타의 소문으로 가득 차 있다. 수도는 밤사이 군대에 의해 점령될 예정이다. 내일 아침에는 의회를 해산할 것이다. 센현에 계엄령을 선포하고 보통선거권을 회복하며 그리고 인민들에게 지지를 호소하는 포고령이 내려질 것이다. 보나파르트는 이러한 비합법적 포고령을 실행에 옮길 장관들을 구하고 있다고 한다." 이러한 보도를 전하는 통신은 언제나 "연기되었다"는 불길한 말로 끝맺고 있다.

쿠데타는 보나파르트의 고정관념이었다. 그는 이러한 고정관념을 가지고 프랑스 땅에 발을 다시 디뎠다. 보나파르트는 쿠데타에 완전히 사로잡혀 있었기 때문에 끊임없이 쿠데타를 포기하고 또한 발설했다. 쿠데타의 그림자는 파리 사람들에게는 친숙한 유령이었기에 마침내 그것이 현실로 되었을 때조차 파리 사람들은 그것을 기꺼이 믿으려 하지 않았다. 쿠데타가 성공할 수 있었던 것은 12월10일회 두목이 입조심을 했다든가 의회가 사전에 그것을 알지 못하고 당했기 때문만은 아니었다. 보나파르트가 경망스러웠음에도 불구하고, 그리고 의회가 사전에 그것을 알았으면서도 쿠데타가 성공했다는 것은 앞선 사태 발전의 필연적이고 불가피한 결과였다.

10월 10일 보나파르트는 장관들에게 보통선거권을 부활시키겠다는 자신의 결정을 통보했다. 16일, 장관들이 사표를 제출했다. 26일, 파리는 토리니 내각이 구성되었다는 소식을 들었다. 이와 함께 까를리에 대신 모빠로 경찰국장이 교체되었다. 제1사단장인 마냥은 가장 믿을 만한 연대들을 수도에 집결시켰다. 11월 4일, 의회는 다시 개회되었다. 의회가 할 수 있는 일이란 기껏해야 지금까지 그들이 밟아 왔던 과정을 간단하고 간결한 형태로 다시 한번 되풀이하고, 단지 의회가 죽은 뒤에야 묻혔음을 증명하는 것뿐이었다.

행정권력과의 투쟁에서 의회가 빼앗긴 최초의 진지는 내각이었다. 의회는 단순한 모조품에 불과한 토리니 내각을 기꺼이 수용함으로써 정치적 패배를 엄숙히 자인할 수밖에 없었다. 상임위원회는 지로가 새 내각 명단에 올랐을 때 실소를 머금으며 그들 받아들였다. 보통선거권의 부활과 같은 강력한 조치를 위해 저런 힘없는 장관이라니! 그러나 이 내각의 정확한 목적은 의회 안에서는 아무것도 하지 않고 모든 것을 의회에 반해 하자는 것이었다.

개회 첫날, 의회는 보나파르트로부터 보통선거권의 부활 및 1850년 5월 31일 법령의 철폐를 요구하는 교서를 접수했다. 같은 날 보나파르트의 각료들은 동일한 취지의 법안을 제의했다. 의회는 내각의 긴급 동의안을 즉시 거부했다. 동시에 11월 1일에는 355표 대 348표로 법안 자체를 부결시켰다. 이와 같이 의회는 국민들로부터 받은 위임을 다시 한번 찢어 버렸다. 의회는 자신이 자유롭게 선출된 인민의 대표기관으로부터 한 계급의 찬탈의회로 전환했다는 사실을 다시 한번 확인해 줬다. 또한 의회는 의회라는 머리와 국민이라는 신체를 연결시키는 근육을 자기 손으로 두 동강 냈다는 사실을 거듭 인정했다.

보통선거 부활 동의안을 통해 행정권력이 의회로부터 직접 인민에 호소했다면, 입법권력은 감사위원법을 제안함으로써 인민으로부터 군대에 호소했다. 감사위원법은 의회가 군대를 직접 징발할 수 있는 권리, 다시 말해서 의회를 위한 군대를 동원할 권리를 확보하기 위한 것이었다. 이 시도를 통해 의회는 군대를 자신과 인민, 그리고 자신과 보나파르트의 중재자로 임명하고 군대를 결정적 국가권력으로 인정한 반면, 다른 한편으로 의회는 군대에 대한 의회의 통수권을 포기했다는 사실을 확인시켜 주었다. 군대를 즉시 징발하는 대신, 군대의 징발권에 대해 토론함으로써 의회는 자신의 고유권한에 대해 의회 스스로 의심하고 있다는 사실을 노출시켰다.

감사위원법을 부결시킴으로써 의회는 자신의 무능함을 공개적으로 고백했다. 이 법안은 108표 차로 부결되었다. 이렇게 문제를 결정 나게 한 것은 다름 아닌 산악당이었다. 산악당은 뷔리당Buridan의 당나귀[4]와 같은 처지에 놓였다. 그러나 실제로는 두 덩이의 건초 묶음 가운데 어느 것이 더 매력적인가를 결정하는 것이 아니라 두 종류의 호된 몽둥이 가운데 어느 것이 더 아픈가를 결정해야 하는 처지였다. 그 한쪽에는 샹가르니에에 대한 두려움이 있었으며 다른 한쪽에는 보나파르트에 대한 두려움이 있었다. 이러한 상황에 그 어떤 영웅적 요소도 없었다는 사실만큼은 반드시 인정되어야 한다.

11월 18일, 질서당이 제안한 지방자치제 선거법안에 대해 지자체 선거

---

4   같은 양의 건초 한가운데 있는 당나귀는 양쪽 먹이에 모두 엄청난 힘으로 유인받기 때문에 결국 굶어 죽을 수밖에 없다는 내용으로 14세기 스콜라 철학자 뷔리당이 고안해 낸 궤변이다.

인의 거주기간을 3년 대신 1년으로 하자는 수정안이 제출되었다. 수정안은 단 한 표 차이로 부결되었으나, 곧바로 이 한 표가 사실은 잘못 던져진 것으로 드러났다. 적대적 파벌로 분열하면서 질서당은 이미 오래전에 원내에서 독자적 다수파의 지위를 상실했다. 이제 의회에는 더 이상 그 어떤 다수파도 존재하지 않는다는 사실이 드러났다. 한마디로 의회는 의결 능력을 상실한 것이다. 질서당을 구성하는 개개 분자들은 더 이상 어떠한 응집력에 의해서도 결집되지 않았다. 질서당은 최후의 숨을 헐떡거렸다. 질서당은 생명을 다했다.

마지막으로, 정치적 파국이 도래하기 며칠 전, 의회 밖의 부르주아 무리는 의회 내 부르주아와의 결별을 다시 한번 굳게 확인했다. 그 누구보다 치유 불가한 치매성 의회병에 깊이 걸려 있던 의회의 영웅 띠에르는 의회의 사망 이후 국가평의회와 함께 새로운 의회 재건 음모를 획책했다. 대통령을 헌법의 한계 안에 단단히 붙들어 매는 대통령 책무법이 바로 그것이었다.

9월 15일, 보나파르트는 파리의 새로운 시장 기공식에서 제2의 마사니엘로와 같이 생선 파는 부인들을 매혹시켰다. 실질적 파급력만 놓고 본다면 한 명의 생선 파는 부인이 17명의 성주들을 확실히 압도했다. 감사위원법이 제출된 직후, 보나파르트는 엘리제궁에서 위관급 장교들을 융숭히 대접하여 그들 모두를 감격하게 만들었던 것처럼 11월 25일에는 런던 산업박람회의 상패를 보나파르트의 손으로부터 받기 위해 샹젤리제의 경기장에 모였던 산업부르주아의 마음을 사로잡았다. 나는『주르날 데 데바』지에 게재된 그의 연설의 주요 부분을 제시할까 한다.

"이처럼 예기치 않은 성과 덕에 나는 프랑스가 한편으로는 선동가들에 의해, 다른 한편으로는 군주제적 망상에 의해 교란되는 대신, 프랑스의 진정한 이익을 추구하고 제도를 개혁할 수만 있다면 우리는 얼마나 위대해질 것인가에 대해 정당하게 거듭해서 말씀드릴 수 있습니다. (원형극장 사방에서 뜨거운 박수갈채와 환호성이 되풀이됨) 군주제의 망상은 모든 발전과 모든 주요 산업 분야를 가로막고 있습니다. 발전의 자리에 투쟁만이 있을 뿐입니다. 우리는 일찍이 왕권과 군주 대권의 가장 열렬한 지지자였던 사람들이 보통선거로부터 탄생한 권력을 약화시키기 위한 목적 하나만으로 국민공회의 일파가 되는 것을 목격하고 있습니다. (환호와 되풀이되는 박수갈채) 혁명으로 가장 많이 상처받았고 그것을 가장 개탄해 마지않던 사람들이 국민의 의지를 단지 속박하기 위해 새로운 혁명을 획책하고 있는 사태를 목격합니다. … 나는 여러분들에게 평온한 미래를 약속할 것입니다. (만세, 만세, 만세의 폭풍)"

산업부르주아는 그래서 12월 2일의 쿠데타, 의회의 폐지, 자신의 지배권 몰락, 보나파르트의 독재를 비굴한 만세 소리로 환호했다. 11월 25일의 우레와 같은 박수갈채는 12월 4일의 우레와 같은 대포 소리로 보답받았다. 그리고 가장 많은 박수갈채를 보냈던 살랑드루즈[5] 씨 집에 가장 많은 폭탄 세례가 가해졌다.

장기의회를 해산할 때, 크롬웰은 홀로 의사당 안으로 들어가 자신이 정한 시간의 한계를 1분도 넘기지 못하도록 자신의 회중시계를 꺼내 들고 유쾌하고 유머가 넘치는 욕지거리로 의원들을 한명 한명 쫓아냈다. 나폴레옹은 크롬웰보다는 작았지만 적어도 브뤼메르 18일에 의회로 들어가, 비록 떨리는 목소리이기는 했지만, 입법부에 대한 사형선고문을 읽어 내

---

5   파리의 제조업자로 제헌의회 의원을 지냈다. 쿠데타를 지지했지만 12월 4일 그의 집은 11문의 대포 포격으로 완전히 파괴되었다.

려갔다. 크롬웰이나 나폴레옹이 소유했던 권력과는 매우 상이한 행정권력을 소유한 보나파르트는 자신의 모델을 세계사적 연대기 안에서가 아니라 '12월10일회'의 연대기 또는 형사재판소의 연대기에서 발견했다.

보나파르트는 프랑스 은행에서 2500만 프랑을 강탈해 마냥 장군을 100만 프랑에 매수했다. 병사들에게는 1인당 15프랑과 술을 주고 매수했으며, 도둑과 같이 밤중에 공범자들과 회합하여 카베냑, 라모리씨에르, 르플로, 샹가르니에, 샤라, 띠에르, 바즈 등 가장 위험한 의회 지도자들 집에 침입해 그들을 잠자리에서 끌어냈다. 파리의 주요 거점과 의사당은 군대가 점령했으며, 다음 날 아침에는 일찍부터 별안간 의회와 국가위원회 해산, 보통선거권의 부활, 센 지역에 계엄령이 선포되었음을 알리는 현수막들이 벽이란 벽에는 모두 부착되었다. 같은 방식으로 조금 뒤에 보나파르트는 유력 의회 인사들이 자발적으로 그의 주위에 모여들어 국가비상회의를 형성했다고 정부 공식 기관지인『모니뙤르』에 허위 공문서를 게재하도록 했다.

잔당만 남은 의회는 파리 제10구 구청에서 회합을 가졌다. 주로 정통왕조파와 오를레앙파로 구성된 이 의회는 계속되는 "공화국 만세"의 외침 속에서 보나파르트의 해임을 가결했다. 그들은 건물 앞에 모여든 군중들에게 열변을 토했으나 헛수고였다. 그들은 마침내 아프리카 원정부대 소속 저격병들에게 붙잡혀 처음에는 도르세 병영으로 이송되었다가 나중에는 죄수 호송마차에 실려서 마자, 앙, 뱅센 등지의 감옥으로 보내졌다. 질서당, 입법의회, 2월 혁명은 이렇게 해서 막을 내렸다. 서둘러 끝맺기 전에 2월 혁명 이후의 역사를 간략히 요약해 보기로 하자.

Ⅰ. 제1기: 1848년 2월 24일부터 5월 4일까지. 2월 시기. 서막, 보편적 형제애라는 기만.

Ⅱ. 제2기: 공화정 수립과 헌법 제정 국민의회(제헌의회) 시기.

1. 1848년 5월 4일부터 6월 25일까지. 프롤레타리아에 대항한 다른 모든 계급의 투쟁. 6월 사건에서 프롤레타리아의 패배.

2. 1848년 6월 25일부터 12월 10일까지. 순수 부르주아 공화파의 독재. 헌법 기초. 파리의 계엄령 선포. 부르주아 독재는 12월 10일, 보나파르트의 대통령 당선으로 종결되었다.

3. 1848년 12월 20일부터 1849년 5월 29일까지. 보나파르트 및 그와 동맹한 질서당과 헌법 제정 의회(제헌의회) 간의 투쟁. 제헌의회의 붕괴. 공화파 부르주아의 몰락.

Ⅲ. 제3기: 입헌공화정과 입법국민의회 시기.

1. 1849년 5월 28일부터 1849년 6월 13일까지. 부르주아와 보나파르트에 대한 쁘띠부르주아의 투쟁. 쁘띠부르주아 민주주의의 패배.

2. 1849년 6월 13일부터 1850년 5월 31일까지. 의회를 통한 질서당의 독재. 질서당은 보통선거권 폐지를 통해 자신의 지배를 완성하지만 의회 내각을 상실한다.

3. 1850년 5월 31일부터 1851년 12월 2일까지. 의회 내 부르주아와 보나파르트 사이의 투쟁.

a) 1850년 5월 31일부터 1851년 1월 12일까지. 의회가 군대에 대한

통수권을 상실하다.

b) 1851년 1월 12일부터 4월 11일까지. 행정권력을 다시 장악하려
는 의회의 시도가 실패로 돌아감. 질서당은 의회의 단독 과반을
상실. 질서당이 산악당 및 공화파와 동맹.

c) 1851년 4월 11일부터 10월 9일까지. 헌법 개정, 왕당파 간의 융
합, 대통령의 임기 연장 시도에 질서당은 개개의 분파로 분해. 부
르주아 의회 및 부르주아 언론과 부르주아 대중 사이의 불화가 명
백해진다.

d) 1851년 10월 9일부터 12월 2일까지. 의회와 행정권력 사이의 공
공연한 불화. 의회는 죽음을 맞이하며 쓰러진다. 부르주아계급,
군대, 기타 모든 계급에 버림받은 의회. 의회체제와 부르주아계
급의 정치적 지배의 몰락. 보나파르트의 승리. 제국 부활의 우스
꽝스러운 모방.

VII

　2월 혁명의 문턱에서 사회공화국은 하나의 구호로, 그리고 예언으로 등장했다. 1848년 6월 사건을 통해 사회공화국은 파리 프롤레타리아의 핏속에서 익사했지만, 유령처럼 드라마의 다음 막에서도 계속 출몰한다. 이어 민주공화정이 자신의 등장을 알린다. 1849년 6월 13일, 민주공화정은 도주하는 쁘띠부르주아와 함께 흩어져 없어졌지만, 도주하면서도 거만하게 허풍을 떨며 자신만의 나팔을 불어 댄다. 의회 공화정은 부르주아와 함께 무대 전체를 차지한다. 그것은 자신의 시대를 최대한 구가하다가 1851년 12월 2일의 사건이 "공화정 만세!"라는 왕당파 연합의 분노의 함성과 함께 그것을 매장한다.

　프랑스 부르주아는 노동프롤레타리아의 위세에 뒷걸음쳤다. 그들은 권력의 정점에 '12월10일회'의 두목인 룸펜프롤레타리아를 앉혀 놓았다. 부르주아는 붉은 무정부주의의 공포라는 숨쉬기조차 어려운 위협으로 프랑스를 몰아넣었다. 12월 4일, 보나파르트가 술 취한 질서의 군대로 하여금 몽마르트 거리와 이탈리앙 거리의 주택가 창가에 서 있던 유력 부르주아들을 저격하라고 명령했을 때, 보나파르트는 미래에 대한 전망을 압축해서 보여 준 셈이었다.

부르주아는 검을 신격화했다. 이제 검이 그들을 지배한다. 부르주아는 혁명적 신문을 파괴했다. 이제 그들 자신의 신문도 파괴되었다. 부르주아는 집회를 경찰 감시 아래 두었다. 이제 그들의 살롱들도 경찰 감시 아래 놓이게 된다. 부르주아는 민주주의적 국민방위군을 해체했다. 이제 그들 자신의 국민방위군도 해체된다. 그들은 계엄령을 선포했다. 이제 그들 자신에게도 계엄령이 떨어진다. 그들은 재판관을 군사위원회로 대체했다. 이제 자신들의 배심원도 군사위원회로 대체된다. 부르주아는 공공교육을 성직자의 영향 아래 맡겨 놓았다. 성직자는 부르주아의 교육까지도 자신에게 종속시킨다. 부르주아는 재판 없이 인민들을 유형에 처했다. 이제 그들 자신이 재판 없이 유형에 처해지고 있다. 그들은 국가권력으로 사회의 모든 운동을 탄압했다. 이제 사회 안의 모든 운동이 국가권력에 의해 탄압받는다.

부르주아계급은 지갑을 지키기 위해 자신의 정치가와 문필가들에게 반기를 들었다. 그들의 정치가와 문필가들은 쓸려 나갔지만, 그들의 입이 봉해지고 붓이 꺾였기 때문에 지금은 그들의 지갑이 강탈당하는 중이다. 부르주아는 성 아르세니우스Arsenius가 기독교인들에게 외친 "달아나라, 침묵하라, 복종하라!"를 혁명에 대해 지치는 일 없이 외쳐 댔다. 이제 보나파르트가 부르주아들에게 외친다. "달아나라, 침묵하라, 복종하라!"

프랑스 부르주아는 오래전에 "50년 내에 유럽은 공화국이 아니면 코사크가 될 것이다"라는 나폴레옹의 딜레마에 대한 한 가지 해결책을 발견했다. 그들은 "코사크 공화국"에서 그 딜레마에 대한 해결책을 찾았다. 어떤 마녀도 부르주아 공화국이라는 예술 작품을 사악한 마법으로 지금의 괴물과 같은 추악한 모습으로 바꿔 놓지 못했다. 그러나 부르주아 공화국은 존경할 만한 외관 외에는 잃어버릴 것이 없었다. 오늘날의 프랑스는 이미 의회 공화정을 완성했다. 이 괴물을 우리 눈앞에 튀어나오도록 하기 위해서는 표피 막을 총검으로 찔러 터트려 주기만 하면 되었다.

파리의 프롤레타리아는 왜 12월 2일 이후에 봉기하지 않았는가?

부르주아의 타도는 이제 겨우 선언되었을 뿐이며, 그 선언은 실행에 옮겨지지 못했다. 프롤레타리아가 본격적으로 봉기하면 그것은 부르주아에게 생기를 불어넣어 줄 것이고, 틀림없이 군대와 타협하여 노동자들에게 제2의 6월 패배를 안겨 주었을 것이다.

12월 4일, 프롤레타리아는 부르주아와 소상인들로부터 싸움에 나서도록 부추김을 받았다. 같은 날 저녁, 국민방위군 몇 개 부대가 전투 현장에 군복을 입고 무장한 채 나타나기로 약속했다. 부르주아와 소상인들은 보나파르트가 12월 2일의 포고령에서 비밀투표를 취소하고 투표자 명부에 있는 자신의 이름 뒤에 "예" 또는 "아니오"를 쓰도록 강요했다는 사실을 알아차렸기 때문이다. 12월 4일의 저항은 확실히 보나파르트에게 위협적이었다. 보나파르트는 파리 구석구석 모든 벽에다가 비밀투표의 부활을 알리는 선전용 현수막을 붙이게 했다. 부르주아와 소상인들은 그들의 목적을 달성했다고 판단했다. 다음 날 아침 나타나지 않은 것은 바로 부르주아와 소상인들이었다.

12월 1일과 2일 밤사이에 보나파르트는 기습적으로 파리 프롤레타리아의 지도자들로 구성된 시가전 사령관들을 체포했다. 지휘관을 상실한 군대는 1848년 6월과 1849년 그리고 1850년 5월의 기억 때문에 산악당의 깃발 아래 싸우는 것을 혐오한 나머지, 이전에 부르주아가 별다른 저항도 하지 않고 사악한 군대에 넘겨준 파리 봉기의 영예를 구원하는 문제를 그들의 전위인 비밀단체에 위임했다. 또한 이미 그 이전에 부르주아가 반항하지 않고 파리를 구원하는 영예를 군대에 넘겨 버렸기 때문에 훗날 보나파르트는 국민방위군의 무기가 무정부주의자들에게 넘어가면 국민방위군을 공격하는 데 악용될 소지가 있다는 다소 경멸적인 이유를 들어 국민방위군을 무장해제시킬 수 있었다.

"이것은 사회주의의 완전하고도 최종적인 승리다!" 기조는 12월 2일을 이렇게 특징지었다. 그러나 의회 공화정의 타도가 그 속에 프롤레타리아 혁명의 승리의 싹을 담고 있다 해도, 그것의 즉각적이고 뚜렷한 결과는 의회에 대한 보나파르트의 승리, 입법권력에 대한 행정권력의 승리, 구호가 있는 세력에 대한 구호가 없는 세력의 승리였다. 의회에서 국민은 자신의 일반의지를 법으로, 다른 말로 표현하면 지배계급의 법을 국민의 일반의지로 만들었다. 행정권력 앞에서 지배계급은 자신의 모든 의지를 철회하고 외부 의지의 우월한 명령, 즉 권위에 복종한다. 입법권력과는 대조적으로 행정권력은 국민의 자율성과 대비되는 국민의 타율성을 표현한다. 프랑스는 그러므로 한 개인의 독재, 그것도 권위를 갖지 못한 한 개인의 권위 아래로 후퇴하기 위해 계급독재에서 벗어난 것으로 보인다. 투쟁은 모든 계급이 똑같이 무기력하며 똑같이 침묵하는 식으로 총구 앞에 무릎 꿇는 것으로 종결한 듯이 나타난다.

하지만, 혁명은 철저한 것이다. 혁명은 아직도 고난 속을 방황하고 있다. 혁명은 자신의 과업을 일정한 방식에 따라 수행한다. 1851년 12월 2일까지 혁명은 자신의 예정된 과업 가운데 절반을 완수했을 뿐이다. 지금 나머지 절반을 완수해 나가고 있는 중이다. 처음에 그것은 의회권력을 타도할 수 있도록 하기 위해 의회권력을 완성했다. 혁명은 이제 이 과제를 완수했기 때문에 행정권력을 완성하고, 이것을 그 가장 순수한 표현으로 환원하여 고립시키며 그것에 대항하는 자신의 모든 파괴력을 이곳에 집중하기 위해 행정권력 자체를 자신이 맞서야 할 유일한 적으로 설정한다. 그리고 이 혁명의 나머지 절반을 해냈을 때 유럽은 그것의 자리를 박차고 일어나 의기양양하게 다음과 같이 외칠 것이다. "두더지 영감! 어찌 그리도 날쌔게 땅을 잘도 파내는가?"[1]

거대 관료·군사조직, 광범위하고 정교한 국가기구, 50만의 군대와 더불어 50만을 헤아리는 관료집단을 보유한 채 프랑스 사회 전체를 하나의 그물로 얽어매고 모든 땀구멍을 막아 버리는 섬뜩한 기생체인 행정권력은 봉건제가 몰락하는 절대왕정 시기에 등장했다. 지주와 도시의 영주적 특권은 국가권력의 부속물로 전환했다. 봉건 가신들은 봉급을 받는 고용 관료로, 상쟁하던 중세적 절대권의 잡다한 양상은 근대 공장에서처럼 분화되고 집중된 작업을 수행하는 국가권력의 정돈된 계획으로 변형되었다. 국가의 시민적 통일성을 창출하기 위해 지역적·영토적·도시적·지방적으로 분리된 권력을 타도하는 임무를 지닌 제1차 프랑스 혁명은 절대왕정이 착수한 중앙집권화와 함께 정부 부속기관과 거기에 배속된 인력 확대를 한층 강화했다.

나폴레옹이 이 국가기구를 완성했다. 정통왕정과 7월 왕정은 부르주아 사회 안에서 노동분업이 새로운 이해집단들을 창출하듯이 확대된 노동분업을 통해 국가행정을 위한 새로운 재료들만을 추가했을 뿐이다. 모든 공통의 이해는 사회로부터 분리하여 더 높은 일반이해로서 사회와 대립하며 그것이 교량이건 아니면 학교이건, 촌락공동체의 공유재산으로부터 철도, 국가 소유 재산, 프랑스 국립대학에 이르기까지 사회 구성원들 자체의 활동을 강탈하여 정부 활동의 대상으로 만들었다.

끝으로 의회 공화정은 혁명에 반대하는 모든 투쟁에서 억압적 방식으로 정부권력의 집중화와 자원을 강화시키지 않을 수밖에 없는 자신을 발견하게 되었다. 모든 혁명은 국가기구를 분쇄하는 대신 그것을 완성시켰다. 차례로 지배권을 놓고 다투던 정당들은 이 거대한 조직의 소유를 승리

---

1   셰익스피어, 「햄릿」, 『셰익스피어 4대 희곡집』, 신정옥 옮김, 전예원, 1991, 제1막, 5장, 43쪽.

자의 전리품으로 간주했다.

절대왕정 시기와 제1차 프랑스 혁명, 그리고 나폴레옹의 지배기 동안 관료제는 부르주아의 계급적 지배를 준비하는 수단일 뿐이었다. 왕정복고, 루이 필리프, 의회 공화정 아래서 관료제는 자신의 권력을 쟁취하려고 애썼지만 지배계급의 도구에 머물렀을 뿐이다.

제2의 보나파르트 치하에서만 국가는 완전히 독립한 것처럼 보인다. 시민사회에 대항해 '12월10일회'의 두목이 국가기구의 수장이 되기에 충분할 정도로 국가기구가 자신의 위치를 완전히 공고히 함에 따라 술과 소시지로 매수당한 전력이 있던, 따라서 계속해서 소시지를 공급해 줘야만 하는 술 취한 군대는 외국에서 날아온 이 모험가를 지도자로 추대했다. 따라서 무기력한 실망감, 매우 심한 수치심과 좌절감이 프랑스의 가슴을 짓누르며 숨도 쉬지 못하게 했다. 프랑스는 자신의 명예가 더럽혀졌음을 실감한다.

그렇다고 해도 국가권력이 허공에 매달려 있는 것은 아니다. 보나파르트는 하나의 계급, 그것도 프랑스 사회에서 수적으로 가장 많은 계급인 분할지 농민을 대변한다.

부르봉가가 대지주계급의 왕조였고 오를레앙가가 화폐계급의 왕조였듯이 보나파르트 왕조는 농민, 곧 프랑스 인민대중의 왕조다. 부르주아계급의 의회에 굴복한 보나파르트가 아니라 부르주아계급의 의회를 해산한 보나파르트야말로 농민이 선택한 인물이다. 3년 동안 도시들은 12월 10일 선거의 의미를 왜곡하는 데 성공했으며, 농민들을 기만해 제정 부활을 획책해 왔다. 1848년 12월 10일 선거는 1851년 12월 2일의 쿠데타에 의해 비로소 완성되었다.

분할지 농민은 거대한 대중을 형성한다. 그 성원들은 상호 간에 많은 관계를 맺지 않으면서도 유사한 조건 속에서 살아간다. 그들의 생산양식은 상호교류를 가져오지 못하고 서로를 고립시킨다. 그러한 고립은 프랑스의 열악한 교통수단과 농민의 궁핍으로 인해 한층 강화된다. 그들 생산의 터전인 분할지는 경작상의 노동분업, 과학의 적용, 따라서 발전의 다양성과 재능의 다양성 및 그 어떤 풍부한 사회적 관계도 인정하지 않는다.

개별 농가는 거의 자급자족하고 있다. 자기 소비의 주요 부분을 자신이 직접 생산하고, 따라서 사회와의 교통보다는 자연과의 교환을 통해 생활수단을 더 많이 얻는다. 하나의 분할지, 한 농민과 그의 가족, 그들과 나란히 다른 분할지, 다른 농민, 그리고 그 농민의 또 다른 가족이 있다. 이들 상당수가 모여 촌락을 형성하며 촌락의 상당수가 모여 현을 이룬다. 개개의 감자가 모여 한 자루의 감자를 이루듯이, 똑같은 양을 단순히 더함으로써 프랑스 국민이라는 거대한 대중이 형성된다.

수백만 가구가 자신의 생산양식, 이해관계, 문화를 다른 계급의 생산양식, 이해관계, 문화와 구별 지은 채 그것에 대해 적대적으로 대립하게 하는 동일한 경제조건 속에서 살아가는 한 그들은 하나의 계급을 형성한다. 다른 한편으로 이들 분할지 농민들 사이에 단순한 지방적 연계만이 있는 한, 그리고 그들 간의 이해의 동질성이 그들 간에 어떠한 공통성이나 전국적 결합, 정치조직 등을 산출하지 못하는 한, 그들은 계급을 형성하지 못한다. 그렇기에 그들은 의회를 통해서건 국민공회를 통해서건 간에 자기의 이름으로 자기 계급의 이해를 관철시켜 나갈 수 없다.

분할지 농민들은 스스로를 대표할 수 없고, 누군가에 의해 대표되어야 한다. 그들의 대표는 동시에 그들 위에 군림하는 권위로, 그들의 지배자로, 그리고 그들을 다른 계급에게서 보호해 주고 그들에게 하늘에서 비와 햇빛을 선사하는 무제한적 행정권력으로 나타나야만 한다. 따라서 분할지 농민들의 정치적 힘은 사회를 자신에게 종속시키는 행정권력 속에서 최종 표현을 발견한다.

역사적 전통은 프랑스 농민들에게 나폴레옹이라 불리는 한 남자가 그들에게 모든 영광을 되찾아 줄 것이라는 기적에 대한 믿음을 불러일으켰다. 그리고 어떤 자가 불쑥 나타나서 자신을 나폴레옹으로 칭했는데, 그이유는 단지 나폴레옹이라는 이름을 가지고 있기 때문이라는 것이다. 그런데 나폴레옹 법전에는 "부계에 대한 조회는 금지된다"라고 쓰여 있다. 20여 년의 방랑생활과 일련의 기괴한 모험 끝에 전설은 현실이 되었고 그는 드디어 프랑스의 황제가 된다. 조카의 고정관념은 실현되었다. 왜냐하면, 그의 고정관념은 프랑스 국민 가운데 수적으로 가장 많은 계급의 고정관념과 일치했기 때문이다.

프랑스의 절반이나 되는 지역에서의 농민 봉기, 군대에 의한 농민 습격, 농민의 유배와 투옥은 어떻게 설명할 수 있느냐는 이의를 제기할 수도 있다.

루이 14세 이래 "선동을 이유로" 이와 비슷한 정도의 무자비한 농민 탄압을 경험해 본 적은 없다.

그러나 오해는 없도록 하자. 보나파르트 왕조가 대변하는 것은 혁명적 농민이 아니라 보수적 농민이다. 분할지 경작이라는 자신의 사회적 조건을 넘어서 봉기하는 농민이 아니라 자신의 분할지 보유를 확고히 하고자 하는 농민, 도시와 연계해 새로운 힘으로 구질서를 타도하고자 하는 집단적 농민이 아니라 반대로 이러한 구질서 속에서 은둔생활로 무더진, 그래서 자신과 자신의 보유지를 제국의 유령에 의해 보장받고 축복받고자 하는 사람들을 대표한다. 보나파르트 왕조는 농민의 각성이 아니라 농민의 미신을 대변한다. 농민의 건전한 판단이 아닌 편견을, 미래가 아닌 과거를, 현대의 세벤느Cevennes[2]가 아닌 현대의 방데Vendée[3]를 대표한다.

의회 공화정의 3년에 걸친 가혹한 지배는 피상적으로나마 프랑스 농민 일부를 나폴레옹의 환상으로부터 깨어나게 했고 그들을 혁명적으로 만들었다. 부르주아는 그들이 행동에 돌입할 때마다 폭력으로 탄압했다. 의회 공화정 치하에서 프랑스 농민의 근대적 의식과 전통적 의식은 각축을 벌였다. 이러한 발전은 학교 교사와 성직자 사이에 부단한 투쟁의 형태로 나타났다. 부르주아는 학교 교사들을 탄압했다. 농민들은 처음으로 정부의 행동에 정면으로 맞서 독자적으로 행동하고자 노력했다. 그것은 촌장과 현 지사의 계속되는 분쟁 속에서도 드러났다. 부르주아는 촌장들을 파면했다.

의회 공화정 시기에는 다양한 지역의 농민들이 자신의 자식인 프랑스 군대에 대항하여 봉기했다. 부르주아는 계엄령을 선포하고 군대를 출동시켜 그들을 진압했다. 그런데 이제는 동일한 부르주아가 자신을 배반하고 보나파르트의 편에 섰다고 대중, 그 사악한 다중의 우매함에 대해 소리 높여 규탄하고 있지 않은가! 부르주아는 농민계급의 제정 열기를 강제로 고취해 주었고 이러한 농민종교를 탄생시켜 준 조건들을 보존했다. 부르주아는 확실히 농민이 보수적인 동안에는 대중의 우매함을 두려워하지만 대중이 혁명적으로 되는 순간에는 대중의 통찰력을 두려워한다.

쿠데타 이후의 봉기를 통해 일부 프랑스 농민은 1848년 12월 10일, 자신의 투표에 반하여 무기를 들고 저항했다. 1848년 이래 농민들이 통과한 역사의 학교는 그들의 지혜를 날카롭게 가다듬어 주었다. 하지만, 그들은 스스로를 역사의 지옥 속으로 내던졌다. 역사는 농민들에게 그들만의 단어를 간직하게 했다. 급진적인 지역에서조차 여전히 편견에 사로잡힌 채

---

2   프랑스 남동부 랑그도크 지방의 산악지대로 여기서 1702년과 1705년까지 카미자르라고 불리는 농민 봉기가 발생했다. 신교도를 박해하는 데 항의하여 시작된 이 봉기는 강력한 반봉건적 성격을 띠게 되었다. 1715년에 이르기까지 봉기가 산발적으로 계속되었다.

3   프랑스 남부 지방에 속한 현 가운데 하나로 18세기 말 프랑스 대혁명 기간에 귀족과 성직자가 농민을 이끌고 일으킨 유일한 반혁명적 농민 반란의 무대였다.

농민들은 대놓고 보나파르트에게 투표했다. 그들 생각으로는 의회가 보나파르트의 통치를 방해했다는 것이다. 보나파르트는 단지 도시가 농촌의 의사에 부과해 온 족쇄를 깨뜨렸을 뿐이다. 일부 지역 농민들은 나폴레옹과 함께하는 국민공회라는 기괴한 생각을 품기조차 했다.

제1차 프랑스 혁명이 농민을 반농노 상태로부터 소규모의 토지 보유농으로 전환한 이래, 나폴레옹은 농민들이 이제 막 자신의 수중에 떨어진 토지를 평온히 이용할 수 있는 조건들을 강화하고 법령화함으로써 그들의 소유욕을 충족시켜 주었다. 그러나 지금 프랑스 농민을 파멸로 몰아넣고 있는 것은 다름 아닌 토지 분할, 나폴레옹이 프랑스에 확립한 분할지 소유 형태이다. 그것은 봉건적 소농을 분할지 소농으로 전환해 준 물적 조건이자 나폴레옹을 황제로 만들어 준 물적 조건이다.

농업의 계속되는 황폐화와 경작자의 부채 증가라는 경제적, 물적 조건의 불가피한 결과가 생겨나는 데는 단지 두 세대만으로 충분했다. 19세기 초반에는 "나폴레옹이 확립한" 소유 형태가 프랑스 농민 대중을 해방하고 그들을 부유하게 하는 조건이었으나, [그것은] 19세기를 경과하면서 농촌 주민의 노예화와 궁핍화를 초래하는 법으로 발전했다. 그리고 정확히 이 법이야말로 제2의 보나파르트가 견지했던 "나폴레옹 사상"의 첫 번째 요소였다. 만일 그가 아직도 농민들의 황폐화의 원인이 분할지 자체가 아니라 외부의 다른 2차적 조건의 영향에서 구해져야 한다는 환상을 농민들과 공유하고 있다면, 그의 실험들이 생산관계와 충돌하게 될 때 [그것은] 비눗방울 마냥 터지게 될 것이다.

분할지 소유의 경제적 발전은 사회의 여타 계급과 농민의 관계를 급격히 변화시켰다. 나폴레옹 시대에 농촌에서의 토지 분할은 도시에서의 자유경쟁과 대규모 산업의 발흥을 보완해 주는 것이었다. 농민계급은 이제 막 타도된 토지귀족에 대해 도처에서 일어나 항거했다. 프랑스 토지에 착

근한 분할지 소유는 봉건제로부터 모든 영양분을 빼앗아 버렸다. 분할지의 경계 표시는 구舊 영주 측의 어떠한 기습공격에 대해서도 부르주아를 지켜 주는 천연요새가 되었다.

19세기를 거치면서 도시의 고리대금업자가 봉건영주의 역할을 대신했다. 토지에 수반된 봉건적 의무는 토지 저당으로, 귀족적 토지 소유는 부르주아의 자본으로 대체되었다. 농민의 분할지 소유는 토지 경작자가 어떻게 자신의 임금을 추출할 수 있는가를 스스로 알도록 하기 위해 분할지를 그들에게 맡겨 놓은 채, 이제는 자본가들로 하여금 토지로부터 이윤과 이자, 그리고 지대를 끌어낼 수 있게 해 주는 구실일 뿐이다. 프랑스 전체 토지에 걸린 저당채무는 프랑스 농민에게 영국 내 국채 전체의 매년 이자에 맞먹는 액수의 이자를 지불하도록 강요하고 있다.

그 발전 과정에서 불가피하게 자본에 의한 노예 상태로 전락할 수밖에 없는 분할지 소유는 많은 프랑스 국민을 동굴 거주 종족으로 변화시켰다. 부인과 아이들을 포함한 1600만 프랑스 농민들은 가축우리 같은 오두막에서 살고 있으며 대부분의 집은 겨우 한 개 또는 두 개, 가장 나은 것이 기껏해야 세 개의 창문을 가지고 있을 뿐이다.[4] 집에서 창문의 기능은 머리에 대해 오관五官이 갖고 있는 관계와 같다.

19세기 초반, 국가를 새롭게 부상한 분할지를 지키는 보초병으로 세우고 월계관으로 비료를 주었던 부르주아 질서는 지금은 분할지 농민의 피와 뇌수를 빨아내어 자본이라는 커다란 연금술 냄비에 집어넣는 흡혈귀가 되었다. 나폴레옹 법전은 이제 차압공매와 강제경매의 법전에 지나지 않는다. 프랑스 정부가 공식 인정한 수치에 따르면, 아이 포함 400만 명의

---

4 프랑스 농민 가옥의 창문 개수가 적은 이유는 창문 개수와 크기에 따라 세금을 물리던 절대왕정의 조세 정책과 관련 있었다.

빈민, 부랑자, 범죄자, 창녀의 숫자에는 생존의 한계를 떠돌며 농촌에서 유령처럼 출몰하거나 해어진 넝마를 입고 아이들과 함께 도시에서 농촌으로, 또는 농촌에서 도시로 떠도는 500만 명이 더해져야 한다.

따라서 농민의 이해는 나폴레옹 치하에서처럼 부르주아와 자본의 이해에 일치하지 않으며 오히려 상충된다. 농민들은 부르주아적 질서의 타도를 과제로 삼고 있는 도시 프롤레타리아 속에서 자신의 자연스러운 동맹자와 지도자를 발견한다. 그러나 "나폴레옹 사상"의 두 번째 요소로서 제2의 나폴레옹이 반드시 실행에 옮겨야 하는 강력하고 어디에도 제약받지 않는 정부가, 부르주아 사회의 "물질적" 질서를 무력으로 보호하기 위해 제창되었다. 이 "물질적 질서"는 반란을 일으킨 농민에 대한 보나파르트의 모든 포고령 속에서 으뜸 구호로 역시 기여하고 있다.

분할지는 자본이 자신에게 부과한 저당 외에도 세금 부담을 지고 있다. 세금은 관료, 군대, 성직자 그리고 법원 등, 한마디로 모든 행정권력 기구의 생명원이다. 강한 정부와 과중한 세금은 동일하다. 분할지 소유는 본질상 모든 강력하고 셀 수 없이 많은 관료제에나 적당한 토대를 형성한다. 그것은 나라의 모든 표면에서 동일한 수준의 관계와 인간들을 만들어 낸다. 따라서 분할지 소유는 이처럼 균등한 대중의 모든 측면에서 최상층부의 중앙으로부터의 통일적 행위를 허용한다. 그것은 인민대중과 국가권력 사이에 있는 귀족적 중간단계를 생략한 채 모든 측면에서 국가권력의 직접적 간섭이나 국가권력 직속 기관의 개입을 초래한다. 결과적으로 그것은, 도시나 토지에 위치를 갖지 못하고 관직을 존경할 만한 시혜의 한 종류로 여기는 일종의 유휴 과잉인구를 만들어 낸다. 한마디로, 분할지 경작이 국가 관직의 창출을 불러일으키는 것이다.

총검으로 새로 개척한 시장과 대륙을 강탈함으로써 삼촌 나폴레옹은 강제로 거둔 세금에 이자를 붙여 농민에게 되돌려주었다. 세금은 농민의 사업에 자극제가 되었지만, 이제 그것은 농민의 산업의 마지막 자원까지 약탈하여 빈곤에 저항할 수 있는 농민들의 능력을 완전히 빼앗아 버린다. 촘촘히 조직되고 피둥피둥 살찐 거대한 관료제는 모든 면에서 제2의 보나파르트에게 가장 잘 맞는 "나폴레옹 사상"이다. 보나파르트가 실제 존재하는 사회계급들과 나란히 인위적 신분제를 만들어 낼 수밖에 없다는 사실을 감안한다면 그의 정권 유지가 빵과 버터의 문제로 되는 것 외에 달리 어떤 게 가능할 수 있겠는가? 따라서 그의 최초의 재정 조치 가운데 하나는 관료들의 급여를 예전 수준으로 인상하고 할 일 없이 빈둥거리는 새로운 직책들을 만들어 내는 일이었다.

"나폴레옹 사상"의 또 다른 요소는 통치도구로서 성직자의 지배를 활용하는 일이다. 새롭게 등장한 분할지는 사회와의 조화, 자연력에의 의존, 그들을 위로부터 보호해 주는 권위에 대한 복종 때문에 자연스럽게 종교적이었던 반면, 빚으로 파산하여 사회 및 권위와 대립하고 자신의 한계를 넘어서려는 분할지는 자연스럽게 비종교적으로 된다. 천국은 이제 막 손에 넣은 협소한 땅뙈기에 만족스러운 부가물이었으며, 특히 날씨를 관장한다고 믿었기에 더욱 그러했다. 그러나 그것이 분할지의 대체물로 밀고 들어오는 순간 [그것은] 하나의 모욕이 된다. 바로 그때 성직자들이 세속적 경찰의 성스러운 축복을 받은 경찰견으로 등장한다. 이것이 "나폴레옹 사상"의 또 다른 측면이다. 다음 번에는 로마 원정이 프랑스 안에서 일어날 것이다. 하지만 그것은 몽탈랑베르Montalenbert[5] 씨의 그것과는 정반대의

5　몽탈랑베르는 1850년 5월 31일 선거법 심의 당시 해당 위원회의 일원으로 심의에 참가했다. 이때 그는 프랑스 내에서 로마 원정을 일으키자고 발언했다. 이것은 원래 로마 원정이 교황을 구하고 혁명을 압살하기 위한 것이었듯이 프랑스 국내에 있는 교황의 수족인 성직자들을 구하고 민주파를 탄압하려는 의도에서였다. 여기서 "몽탈랑베르 씨의 그것과는 정반대의 의미에서"라고 말한 것은 프랑스 국내에서의 성직자 탄압을 의미한다.

의미에서 발생할 것이다.

　마지막으로 "나폴레옹 사상"의 정점은 군대의 우월성에 있다. 군대는 분할지 농민들의 우상이었다. 그들이 외부 세계에 대해 자신들의 새로운 소유물을 방어하고, 새로이 획득한 국민정신을 찬미하며, 세계를 약탈하고 혁명화함으로써 군대는 농민 스스로를 영웅으로 만들어 주었다. 군복은 그들의 고유한 국가예복이었다. 전쟁은 그들의 시였다. 상상 속에서 확대되고 완성되었던 분할지는 그들의 조국이었고 애국심은 분할지 소유 관념의 이상적 형태였다. 그러나 프랑스 농민들이 자신의 재산을 보호하기 위해 맞서야 하는 적은 이제 더 이상 코사크가 아니다. 그 적은 징세관이며 집달리이다. 분할지는 이제 더 이상 이른바 조국이라는 곳에 존재하지 않으며, 저당등기에나 있을 뿐이다.

　군대 역시 더 이상 좋았던 시절의 농민의 꽃이 아니다. 그것은 농민 룸펜프롤레타리아의 늪에 핀 꽃이다. 제2의 보나파르트 자신이 나폴레옹의 대역군인이자 대리인인 것과 마찬가지로 군대 역시 대부분 대역군인, 다시 말해 대리인으로 구성되어 있다. 군대는 지금 막다른 길에 다다른 산양山羊과도 같은 처지의 농민들을 박해하고 조직적 공격을 통해 헌병의 역할을 함으로써 자신의 용맹을 떨치고 있다. 만약 '12월10일회'의 두목이 자기 체제의 내부적 모순을 은폐하기 위해 프랑스 국경을 넘어선다면 그의 군대는 몇 차례의 약탈행위 끝에 월계관이 아니라 채찍을 벌게 될 것이다.

　이상에서 본 바와 같이, 모든 "나폴레옹 사상"은 젊은 날의 신선함 속에서 미발달 상태에 있는 분할지 사상이다. 전성기를 넘겨 살아남은 분할지에 대해 "나폴레옹 사상"은 하나의 불합리이기 때문이다. "나폴레옹 사상"은 단지 단말마적 고통의 환각이며 공허한 문구로 바뀐 말이고 유령으로 바뀐 정신이다. 제정 부활의 이 같은 서투른 모방은 프랑스 인민을 전통의 압박으로부터 해방하고 국가권력과 사회 사이의 대립을 순수한 형태로 만들기 위해 반드시 필요하다. 분할지 소유가 점차 몰락해 가는 것과 함께 그 위에 세워진 국가기구 또한 붕괴한다. 근대사회가 요구하는 국가의 중앙집권화는 봉건제와의 대립을 통해 단련된 군사·관료적 통치기구의 폐허 위에서만 대두할 것이다.

프랑스 농민의 상태는 우리에게 12월 20일과 21일의 총선거의 수수께끼에 대한 해답을 준다. 이 선거는 두 번째 나폴레옹으로 하여금 시나이산에 오르게 했는데, 그것은 율법을 받기 위해서가 아니라 율법을 주기 위해서였다.

확실히 부르주아는 보나파르트를 선택하는 것 외에 다른 대안이 없었다. 콘스탄츠 공의회The Council of Constance[6]에서 청교도들이 교황의 타락한 삶에 대해 불평을 하고 도덕적 개혁의 필요성을 역설했을 때, 다이 추기경은 그들에게 불같이 화를 냈다. "오직 사탄만이 교회를 구할 수 있는데 너희들은 천사를 원하는구나." 프랑스 부르주아 역시 쿠데타 이후 같은 식으로 외쳐 댔다. '12월10일회' 두목만이 부르주아 사회를 구원할 수 있다! 절도만이 재산을 지킬 수 있으며 거짓 맹세만이 종교를 구할 수 있다! 서자만이 가정을 구할 수 있고 무질서만이 질서를 구할 수 있다!

하나의 독립된 힘으로 전환한 행정권력으로서의 보나파르트는 "부르주아 질서"를 수호하는 것이 자신의 임무라고 느낀다. 하지만 부르주아적 질서의 힘은 중간계급에게 놓여 있다. 따라서 그는 스스로를 중간계급의 대변자로 간주하고 이 관점에서 포고령을 선포한다. 그럼에도 불구하고 그는 중간계급의 정치권력을 파괴해 왔으며, 또한 날마다 그것을 새롭게

6 　콘스탄츠 공의회(1414-1418)는 종교개혁으로 약화된 로마 가톨릭교회의 지위를 보강할 것을 목적으로 소집되었다. 이 공의회는 종교개혁 지도자인 위클리프와 후스의 교의를 비난했고, 새로운 교황을 선출하여 가톨릭교회의 분열을 무마함으로써 반종교개혁을 수행했다.

파괴하는 것을 통해서만 정치적으로 유의미한 인물이 된다. 그 결과, 보나파르트는 자신을 중간계급의 정치권력과 문필가적 힘에 대한 적대자로 간주한다. 그러나 동시에 중간계급의 물질적 힘을 보호함으로써 그는 중간계급의 정치권력을 새롭게 산출해야 한다. 원인은 살아 있어야 하지만, 결과는 나타나는 즉시 제거되어야 한다. 이러한 과정이 진행되면서 원인과 결과 간에 혼란이 발생하지 않을 수 없다. 왜냐하면, 원인과 결과는 상호작용 속에서 구별되는 특징을 상실하기 때문이다. 새 포고령들이 그러한 경계선을 지워 버린다.

보나파르트는 스스로를 부르주아에 반대하는 사람으로, 자신을 농민과 일반 국민의 대변자로, 부르주아 사회의 틀 내에서 하층계급을 행복하게 해 주기를 바라는 사람으로 간주한다. 그러므로 새 포고령들은 "진정한 사회주의자"들을 기만하여 그들의 통치술을 미리 차용한 것이다. 그러나 무엇보다도 보나파르트는 자신을 '12월10일회'의 두목으로, 자신 및 그의 측근들과 그의 정부와 군대가 속해 있는 룸펜프롤레타리아의 대변자로 간주해야 한다. 그의 1차적 관심은 스스로에게 이득을 주는 것이며, 국고에서 캘리포니아 복권 상금을 빼내는 것이다. 이런 식으로 그는 '12월10일회'의 두목으로서의 그의 지위를 포고령을 통해, 때로는 포고령도 없이, 그리고 포고령에도 불구하고 증명한다.

이처럼 모순으로 가득 찬 보나파르트의 임무는 그의 정부의 모순들 및 서로 다른 계급의 지지를 구하다가 차례로 굴복시키기도 하고 때로는 모든 계급이 하나같이 자신에게 등을 돌리게끔 하는 식의 혼란스러운 암중모색을 설명해 준다. 그의 실천적 불명료함은 자기 숙부의 그것에서 충실하게 베낀 정부 포고령의 명령적이고 단호한 문체와는 희극적 대조를 드러낸다.

중간계급의 사업인 산업과 무역은 강력한 정부 아래에서라면 온실 속에서처럼 번성한다. 셀 수 없이 많은 철도 이권이 양도된다. 하지만 무엇보다도 룸펜프롤레타리아의 두목인 보나파르트 자신이 부자가 되어야 한다. 그 출발점은 철도 이권을 가지고 증권거래소에서 담합하는 것이다. 철도를 위한 어떤 실질적 자본도 나타나지 않는다. 철도 주식 지분에 대해 그를 대신해 선불로 지급해 주는 것은 은행의 임무다. 이처럼 은행을 사적 목적에 이용해 먹기 위해서는 어느 정도 그들을 구워삶을 필요가 있다. 은행 업무를 매주 공개하도록 한 의무에서 제외시켜 주는 대신 그 은행은 정부에 이익을 일방적으로 몰아주는 계약을 체결한다.

국민들에게는 일자리가 주어져야 한다. 공공사업의 개시. 그러나 공공사업은 세금 측면에서 국민 부담을 가중시킨다. 따라서 종래의 5부 이자를 4부 5리 이자의 공채로 전환하는 식으로, 딱 그 정도만 금리생활자를 공격하는 형태로 세금 감면이 추진된다. 중간계급에게 다시 한번 떡고물이 돌아가야 한다. 따라서 소매로 술을 사는 인민들을 위해서는 주세를 두 배로 올리고, 도매로 마시는 중간계급에게는 주세를 반감해 준다. 현실의 노동자 조직은 해체되지만, 미래에는 기적과도 같은 조직이 약속된다.

농민들도 도움을 받아야 한다. 저당은행들은 농민의 재산을 부채로 전환하고 토지 소유의 집중을 가속화한다. 동시에 저당은행들은 오를레앙 가에서 몰수한 토지를 현금으로 바꾸는 데도 이용될 것이다. 하지만 어떤 자본가도 포고령에 나와 있지 않은 이런 조건에 동의하지 않는다. 그래서 그 저당은행은 단지 포고령 안에만 존재한다. 기타 등등.

한마디로 보나파르트는 모든 계급에게 가부장적 은인으로 비치기를 원한다. 그러나 그는 어느 한 계급을 착취하지 않고서는 어느 계급에게도 시혜를 베풀 수 없다. 프롱드의 난 당시 기즈 공작이 자신의 모든 영지를 부하들에게 충성의 대가로 나누어 주어 자기에게 채무를 지게 함으로써 프랑스에서 가장 은혜로운 사람이라는 말을 들은 것처럼, 보나파르트

역시 프랑스에서 가장 은혜로운 사람이 되기를 간절히 바랄 것이며, 그래서 그는 프랑스의 모든 재산, 모든 노동을 그에 대한 개인적 채무로 바꿔놓는다. 그는 프랑스에게 프랑스를 선물하기 위해, 아니 차라리 프랑스 돈으로 프랑스를 사기 위해 프랑스를 훔치고 싶었을 것이다. 왜냐하면, 그는 '12월10일회'의 두목으로서 자기 소유로 만들고자 하는 것은 무엇이든 매수해야 하기 때문이다.

모든 국가기관, 상원, 국가평의회, 입법부, 레지옹 도뇌르 훈장, 병사에게 수여하는 메달, 세탁장, 국영공사, 철도, 병사가 없는 국민방위군 참모부, 오를레앙가의 몰수재산 등, 이 모든 것이 매매 대상의 일부다. 군대와 정부기관의 모든 지위가 거래 대상이 된다. 프랑스를 다시 프랑스에게 주기 위해 도둑질하는 과정에서 가장 중요한 특징은 '12월10일회' 두목과 부하들의 호주머니로 들어가는 몫이다. 드모르니 씨의 정부情婦 엘 공작부인은 오를레앙가에 속해 있던 영지 몰수에 대해 재치 있게 다음과 같이 표현했다. "이것은 독수리의 첫 번째 비행이다. C'est le premier vol de l'aigle."* 이 표현은 까마귀라고 하는 편이 차라리 나을 그 독수리의 모든 절도 행각에도 적용 가능하다.

보나파르트 자신과 그의 추종자들은 앞으로 얼마나 더 먹고살 수 있을 정도의 재산을 모았는가 하고 거드름 피우며 재산을 헤아리는 구두쇠에게 다음과 같이 충고한 이탈리아 카르투시오 수도회의 수사와 마찬가지로 날마다 서로에게 말을 건넨다. "네 재산을 헤아리기 전에 먼저 네 나이를 헤아려 보아야 한다." 그들은 살날을 햇수로 계산하는 실수를 저지르지 않고 이해를 따지는 데 실수하지 않기 위해 분 단위로 계산한다. 한 무

* [원주] 여기서 'vol'은 '난다'의 뜻과 함께 '훔친다'는 뜻도 있다.

리의 질 나쁜 패거리가 법정으로, 내각으로, 행정부와 군대로 밀고 들어가는데, 그 가운데 그나마 가장 나은 축에 속해 있다는 자에 관해 들리는 말이라는 게, 그가 어디서 왔는지 아무도 알지 못하며, 단지 시끄럽고 악명 높으며 약탈하기 좋아하는 떠돌이들이 마치 술루크의 고관들처럼 기괴한 위엄을 갖추고 길게 늘어뜨린 코트 안에서 네 발로 기어다니고 있다는 점 뿐이다.

우리가 '12월10일회'의 상층부를 잘 알고 싶다면, 베롱-크르벨Véron-Crevel*을 그들의 도덕 선생으로, 그라니에 드 까샤냑을 그들의 사상가로 간주하면 된다. 수상으로 재임할 당시 기조는, 그라니에를 왕당파 야당에 반대하는 하찮은 신문에 활용하면서 빈정거리는 말투로 자랑스럽게 그를 떠벌렸다. "그는 광대의 왕이다." 우리가 루이 보나파르트의 궁정 및 거기에 속한 일가권속들을 보고 섭정 시대7라든지 루이 15세를 연상한다면 그것은 오류로 판명될 것이다. "프랑스는 이미 정부情婦의 정부政府는 여러 차례 경험했지만 정부情夫의 정부政府는 한 차례도 경험해 본 적이 없기"** 때문이다.

나폴레옹의 대리자로서 끊임없이 놀라운 일을 연출하며 자신에게 대중의 눈길을 고정시켜 놓아야만 하는 필연성, 즉 날마다 소규모 쿠데타를 실행에 옮겨야 할 필연성 때문에 자신이 처해 있는 상황의 모순된 요구에 의해 내몰린 채, 일종의 마술사처럼 행세해야 하는 그러한 존재로서의

---

*   [원주] 발자크는 그의 소설 『사촌누이 베트』에서 크르벨(Crevel)이라는 방탕한 파리인을 자세히 묘사한다. 이 인물은 발자크가 『콩스티튀시오넬(Constitutionnel)』지의 소유자인 베롱(Véron)을 모델로 해 그려 낸 것이다.

7   루이 15세가 어렸기 때문에 1715년부터 1723년까지 필리프 오를레앙이 섭정했는데, 바로 이것을 가리킨다.

** [원주] 마담 지라르댕의 말에서 인용한 것이다.

보나파르트는 부르주아 경제 전체를 혼란에 빠뜨리고, 1848년 혁명에서 불가침의 영역으로 여겨졌던 모든 것을 침해하며, 어떤 사람에게는 혁명을 묵인하게 하고, 어떤 사람에게는 혁명을 소망하게 하여 질서의 이름으로 실질적인 무정부 상태를 만들어 낸다. 동시에 그는 모든 국가기구로부터 후광을 벗겨 내어 속되게 하고 역겨우면서도 우스꽝스러운 존재로 전락시켜 버린다. 삼촌 나폴레옹 1세가 트리어에서 성의聖衣를 숭배[8]한 것을 흉내 내어 보나파르트는 파리에서 황제의 망토에 대한 숭배로 그것을 재현하려 한다. 황제의 망토가 루이 보나파르트의 어깨에 걸쳐지는 순간, 나폴레옹 동상은 방돔광장 전승기념탑Vendôme Column[9] 꼭대기에서 떨어져 산산조각 날 것이다.

---

8 트리어 성당에 남아 있는 유품에 관한 숭배로, 그 유품은 예수가 죽임을 당할 때 가져온 성의라고 주장되고 있다.

9 전리품으로 얻은 대포를 녹여 파리 방돔광장에 세운 기념탑으로, 꼭대기에 나폴레옹 1세의 동상이 있다. 이 기념탑은 1805년, 프랑스 나폴레옹 군대가 거둔 승리를 기념하기 위해 1806-1810년까지 4년여에 걸쳐 제작된 것이다. 1863년, 루이 보나파르트, 곧 나폴레옹 3세는 삼각모자와 야전외투를 걸치고 있는 나폴레옹 1세의 입상을 제거하고 그 대신 황제 복장을 하고 있는 입상을 세울 것을 지시했다.

마르크스의 저작 가운데 가장 위대한 작품 두 개를 꼽으라 한다면 하나는 『자본론』이고 다른 하나는 『루이 보나파르트의 브뤼메르 18일』이다. 마르크스의 정치적 사유가 완벽한 형태로 집대성된 유일한 저작이 바로 『루이 보나파르트의 브뤼메르 18일』이다. 그런 면에서 이 글은 '마르크스 정치학의 자본론'으로 부를 수 있다.

1852년 독일어판으로 처음 출간될 당시 이 글의 제목은 『루이 나폴레옹의 브뤼메르 18일』이었다. 마르크스는 1869년 출간된 영어판에서는 제목을 '루이 나폴레옹'에서 '루이 보나파르트'로 바꾸었다. 그 이유는 나폴레옹이 루이 보나파르트의 삼촌인, 우리에게 널리 알려진 나폴레옹 황제의 이름이었기 때문이다. 다시 말해 프랑스 대혁명 이후 황제로 즉위한 삼촌의 이름이 나폴레옹 보나파르트였다면 이 책의 주인공인 조카의 이름은 루이 보나파르트였던 셈이다.

'브뤼메르 18일'은 바로 삼촌인 나폴레옹이 1799년 11월 9일, 쿠데타를 일으켜 황제로 즉위한 사건을 말한다. 이날이 프랑스 혁명력으로 안개의 달로 불리는 브뤼메르 18일에 일어났기 때문에 보통 브뤼메르 18일의 쿠데타라는 명칭으로 널리 알려지게 된 것이다. 반면 조카인 루이 보나파르트가 쿠데타를 일으킨 날은 1852년 12월 2일이었다. 이날은 프랑스 혁명력에서 '서리 내리는 달'로 불리는 '프리메르Frimaire 10일'로 표기하는 게 정확하다.

그렇다면 어째서 마르크스는 『루이 보나파르트의 브뤼메르 18일』로 제목을 달았을까? 그 이유는 루이 보나파르트의 쿠데타가 그 어떤 독창성도 지니지 못한 채 삼촌인 나폴레옹 보나파르트의 쿠데타의 반복 혹은 재판再版에 지나지 않았음을 상기하고자 한 것이다. 이를 통해 우리는 '역사는 반복되며 한 번은 비극悲劇으로 다음은 소극笑劇으로 끝난다'는 그 유명한 첫 문장의 의미를 직관적으로 이해할 수 있다.

이 저작의 핵심 내용은 1848년 2월 혁명의 결과로 성립한 프랑스 의회 공화정이 어떻게 4년이 채 안 되는 짧은 시기에 나폴레옹의 조카로 자처하던 대통령 루이 보나파르트의 친위쿠데타에 의해 제정이라는 독재체제로 귀결될 수밖에 없었는가를 분석한 것이다. 마르크스 자신은 "프랑스에서의 '계급투쟁'이 어떻게 기괴하고 평범한 한 인간으로 하여금 영웅으로 행세할 수 있는 그러한 조건과 관계들을 만들어 내었는가를 보여 주고자 했다"고 말한다. 이런 분석을 가능하게 한 것은 바로 마르크스의 놀라운 통찰력, 바로 위대한 사회과학적 방법에 기인한 것이라 해도 지나치지 않다.

그것은 "인간은 자신의 역사를 만들어 가지만, 그들이 바라는 그대로 역사를 형성해 가는 것은 아니다. 다시 말해서, 그들 스스로 선택한 환경 아래서가 아니라 과거로부터 맞닥뜨리거나 그로부터 조건 지어지고 넘겨받은 환경 아래서 역사를 만들어 가는 것이다"라는 짧은 문장 속에 응축되어 있다. 이 방법론에 의거하여 마르크스는 현대 사회과학, 특히 정치학의 교과서라 할 정도의 놀라운 분석과 통찰력을 선보일 수 있었다.

시시각각 변화하는 정세 속에서 바로 현재 눈앞에서 벌어지고 있는 다양한 정치세력과 사회계급 간의 투쟁의 역동성을 예리한 필치로 추적하며, 대통령 권력과 의회권력 간의 갈등, 이를 매개하는 헌법과 보통선거의 정치적 역할에 대한 분석 전체를 이 짧은 글 하나에 녹여 내는 일은 마르크스가 아니었다면 도저히 성취할 수 없었을 것이다. 컬럼비아대, 하버드대 등 미국의 유명 사립대학이 이 책을 신입생들이 반드시 읽어야 할 교양 필수 도서로 지정하고 있는 것도 결코 우연이 아니다.

이 책을 우리가 읽어야 하는 또 다른 이유는 그것이 시사해 주는 현재성에 있다. 프랑스 대혁명기의 공화파들은 그들의 상징인 삼색기를 유럽 전체에 전파했을 뿐만 아니라 그들은 차례로 또 하나의 발명품을 만들어 냈다. 그것은 바로 계엄령이었다. 마르크스는 계엄령은 저절로 전 유럽대륙을 여행했으며, 한층 새로워진 애정을 가지고 프랑스에 돌아와서는 프랑스 행정구역의 절반 이상에서 자연스러운 것으로 되었다고 말한다. 우리는 작년 12월 3일, 윤석열 전 대통령이 자행한 친위쿠데타 및 비상계엄과 내란 시도 속에서 『루이 보나파르트의 브뤼메르 18일』의 현재성을 읽어 낼 수 있다.

루이 보나파르트는 삼촌인 나폴레옹 1세보다 훨씬 오랫동안 집권했다. 1848년 프랑스 2월 혁명 이후 대통령 시절부터 제2제정기를 포함하면 1870년 독일과의 전쟁에서 포로로 생포되기까지 자그마치 23년간 장기 집권했다. 마르크스도 인정하였듯이 그사이 프랑스는 이전과는 전혀 다른 사회로 탈바꿈했다. 루이 보나파르트는 금융자본과 행정국가로 대표되는 현대 프랑스의 설계자였다.

나폴레옹 3세가 통치하던 제2제정기에 프랑스는 제국주의로의 전환을 본격화했다. 제국주의의 교과서를 쓸 수 있다면 그 나라는 바로 프랑스다. 청나라와의 전쟁을 통한 베트남에 대한 종주권 확보가 이때 이루어졌다. 우리나라와도 인연 아닌 인연이 있음은 물론이다. '병인양요'로 더 잘 알려진 1866년의 조불 전쟁Korean-French War이 바로 나폴레옹 3세의 전성기에 벌어진 사건이다.

만물은 유전流轉한다. 진리다.

며, 제2공화정에서 입법의회 의원을 지냈다. 78

뇌메이에, 막시밀리앵 조르주 조제프(Neumayer, Maximilien-Georges-Joseph, 1789-1866) 프랑스 육군장군으로 질서당 지지파에 가담했으며, 파리주둔군 지휘관이었으나 보나파르트에 의해 축출되었다. 101

[ㄷ]

다윗(David, 기원전 약 11세기 말-기원전 10세기 중반) 이스라엘의 왕으로『구약』의 주요 인물 가운데 하나이다. 69

다이, 피에르(d'Ailly, Pierre, 1350-1420 또는 1425) 프랑스 추기경으로 저명한 신학자이다. 콘스탄츠 공의회에서 종교개혁 요구에 처한 가톨릭을 보수하는 데 큰 역할을 했다. 165

당통, 조르주 자크(Danton, Georges Jacques, 1759-1794) 18세기 말 프랑스 대혁명기의 위대한 혁명가로, 자코뱅 우파의 지도자이다. 기요틴에서 처형되었다. 15, 16

데물랭, 까미유(Desmoulins, Camille, 1760-1794) 정치평론가로, 프랑스 대혁명 당시 맹활약했다. 자코뱅 우파이다. 16

도뿔, 알퐁스 앙리(d'Hautpoul, Alphonse Henri, 1789-1865) 프랑스의 장군이자 정치가로, 훗날 보나파르트파가 되었다. 제2공화정에서 입법의회 의원 및 육군장관을 역임했다. 80, 87, 101, 102, 104

뒤팽, 앙드레 마리 장 자크(Dupin, André-Marie-Jean-Jacques, 1783-1865) 프랑스 법률가이자 정치가이다. 오를레앙파로 제2공화정에서 제헌의회 의원 및 입법의회 의장을 역임했으며, 후에 보나파르트파로 변신했다. 100, 105, 106

뒤샤텔, 샤를(Duchâtel, Charles, 1803-1867) 프랑스의 정치가이다. 오를레앙파로 7월 왕정에서 오랫동안 내무장관을 지냈다. 127

뒤프라, 파스칼(Duprat, Pascal, 1815-1885) 프랑스의 정치가이자 언론인으로, 부르주아 공화파이다. 제2공화정에서 제헌의회와 입법의회 의원을 지냈고 루이 보나파르트를 적극 반대했다. 108, 109

드모르니 공작, 샤를 오귀스트 루이 조제프(duc de Morny, Charles-Auguste-Louis-Joseph, 1811-1865) 프랑스의 정치가이다. 보나파르트파로 제2공화정에서 입법의회 의원 및 내무장관을 지냈다. 쿠데타 주도 세력 가운데 하나이다. 168

드플로트, 폴(de Flotte, Paul, 1817-1860) 프랑스 해군장교 출신으로, 민주파 사회주의자이고 블랑키의 추종자이다. 파리에서 1848년 6월 봉기에 적극 가담했고, 제2공화정에서 입법의회 의원을 역임했다. 86

띠에르, 루이 아돌프(Thiers, Louis Adolphe, 1797-1877) 1830년 7월 왕정부터 제3공화정에 이르기까지 프랑스 정치를 사실상 주도한 오를레앙파 부르주아 정치인으로 질서당의 수뇌이다. 7월 왕정에서 두 차례 수상, 제2공화정에서 제헌의회 및 입법의회 의원을 지냈다. 파리코뮌에 대한 기만과 잔혹한 진압을 주도했으며, 보불전쟁 이후 성립한 제3공화정에서는 대통령(1871-1873)을 역임했다. 49, 61, 63, 68, 86, 114, 128-130, 133, 136, 140, 144, 146

루이 필리프(Louis Philippe, 재위 1830-1848) 오를레앙 공작으로, 1830년 7월 혁명으로 왕정을 수립하여 1848년 2월 혁명 이전까지 프랑스를 통치했다. 1848년 2월 혁명으로 축출되었다. 24, 26, 33–35, 43, 46, 56, 58, 70, 71, 77, 97, 126, 128, 130, 132, 156

루이 필리프 알베르 도를레앙(Louis Philippe Albert, duc d'Orléans, comte de Paris, 1838-1894) 프랑스 국왕 루이 필리프의 손자이다. 오를레앙파의 왕위 계승 요구자로 파리 백작으로 불린다. → 파리 백작

루터, 마르틴(Luther, Martin, 1483-1546) 종교개혁을 주도한 인물로, 독일에서 프로테스탄트 교회를 건설했다. 1525년 농민전쟁 기간에는 귀족 편에 서서 이에 저항하는 농민과 도시 하층계급을 비난했다. 16

르드뤼롤랭, 알렉상드르 오귀스트(Ledru-Rollin, Alexandre Auguste, 1807-1874) 프랑스의 정치평론가이자 정치가로 쁘띠부르주아 민주파 지도자이다. 『개혁(Rèforme)』지의 편집인으로서 1848년 2월 혁명 이후 수립된 임시정부의 내무장관을 지냈고, 제2공화정에서 제헌의회와 입법의회 의원으로서 산악당 지도자로 활약했으며, 1849년 6월 13일 이후 영국으로 망명했다. 35, 56, 63, 64, 67

르 플로, 아돌프(Le Flô, Adolphe, 1804-1887) 프랑스의 장군이자 정치가, 외교관으로 질서당을 대변했다. 제2공화정 당시 제헌의회와 입법의회 의원을 지냈고, 파리코뮌을 진압한 국민방위정부의 육군장관이었으며, 러시아 대사를 두 차례 역임했다. 49, 146

리처드 3세(Richard Ⅲ, 재위 1483-1485) 영국의 국왕이다. 125

[ㅁ]

마냥, 베르나르 피에르(Magnan, Bernard-Pierre, 1791-1865) 프랑스의 장군으로, 1851년 이래 육군원수를 지냈다. 보나파르트파로 1831년과 1849년에 리옹에서, 1845년에는 릴과 루베 등지에서 노동자 봉기 진압에 관여했다. 1848년에는 파리의 6월 봉기를 진압했고 제2공화정에서 입법의회 의원을 지냈다. 보나파르트 쿠데타 주도자 가운데 한 사람이다. 130, 142, 146

마라스트, 아르망(Marrast, Armand, 1801-1852) 프랑스의 정치평론가이자 공화주의 정치가이다. 온건 부르주아 공화파의 지도자 가운데 하나로 『나시오날』지의 편집인이다. 1848년 임시정부의 일원으로서 파리 시장, 제헌의회 의장을 지냈다. 18, 35, 49

마사니엘로(Masaniello, 1620-1647) 토마소 아니엘로(Thomaso Aniello)의 약칭이다. 나폴리 출신 어부로, 가혹한 세금과 스페인 정부의 인민에 대한 억압에 저항해 일어난 1647년 나폴리 봉기의 지도자이다. 144

말비유, 레옹 드(Maleville, Léon de, 1803-1879) 프랑스의 정치가이다. 오를레앙파로 제2공화정에서 제헌의회와 입법의회 의원 및 내무장관을 지냈다. 117

모갱, 프랑수아(Mauguin, François, 1785-1854) 프랑스의 법률가이자 정치가이다. 1848년까지 자유주의적 군주정을 표방하는 야당 세력의 지도자로 제2공화정에서 제헌의회 및 입법의회 의원을 역임했다. 105, 106

몰레 백작, 루이 마티외(Molé, Louis-Mathieu, comte de, 1781-1855) 오를레앙파 정치가로 7월 왕정에서 수상, 제2공화정에서 제헌의회 및 입법의회 의원을 역임했다. 86, 129

몽탈랑베르, 샤를 포르브 드 트리옹(Montalembert, Charles-Forbes de Tryon, 1810-1870) 프랑스의 정치가이자 저술가이다. 오를레앙파로 제2공화정에서 제헌의회와 입법의회 의원을 지냈으며, 국민의회 내 가톨릭 파벌의 지도자로 쿠데타 당시 보나파르트를 지지했다. 114, 129, 163

멍크, 조지(Monck, George, 1608-1670) 영국의 장군으로 17세기 영국 부르주아 혁명에서 중요한 역할을 담당했다. 혁명 초기에는 크롬웰에 충성했으나 크롬웰 사후 왕정복고에 적극 가담하여 찰스 2세를 왕위에 올렸다. 101

[ㅂ]

바라귀예 디이에, 아실(Baraguey d'Hilliers, Achille, 1795-1878) 프랑스 장군으로 1854년 이래 원수였다. 보나파르트파로 제2공화정에서 제헌의회 및 입법의회 의원을 지냈으며 쿠데타 당시 파리수비대 사령관이었다. 111, 112, 130

바로, 오딜롱(Barrot, Odilon, 1791-1873) 프랑스 정치인으로, 1848년 2월 혁명 이전까지 자유주의적 군주정을 표방하는 왕당파 야당을 주도했다. 1848년 12월부터 1849년 10월까지 반혁명적 왕당파인 질서당의 지원을 받는 제2공화정 수상을 지냈다. 46-48, 55, 77, 78, 80, 95, 114, 117, 129, 140

바로슈, 피에르 쥘(Baroche, Pierre Jules, 1802-

1870) 프랑스의 검사 출신 정치가이다. 제2공화정 당시 제헌의회와 입법의회 의원으로 질서당을 대변했으나, 1851년 쿠데타 이후에는 보나파르트파로 변신하여 내각에 참여했다. 87, 105, 106, 112, 118

바이데마이어, 요제프(Weydemeyer, Joseph, 1818-1866) 독일의 공산주의 혁명가로 마르크스의 절친한 친구였다. 1851년 미국으로 이주하여 남북전쟁에 북군 지휘관으로 참전했다. 5

바이이, 장 실뱅(Bailly, Jean-Sylvain, 1736-1793) 프랑스의 천문학자로, 프랑스 대혁명에서 적극적인 역할을 한 입헌적 자유주의 부르주아 지도자 가운데 한 사람이다. 18

바즈, 장 디디에(Baze, Jean-Didier, 1800-1881) 프랑스의 법률가이자 정치가로, 제2공화정에서 제헌의회와 입법의회 의원을 지냈다. 128, 146

바띠메닐, 앙투안 프랑수아 앙리(Vatismesnil, Antoine François Henri, 1789-1860) 프랑스의 정치가이다. 정통왕조파로 제2공화정에서 교육부장관과 입법의회 의원을 지냈다. 117

베롱, 루이 데지레(Véron, Louis-Désiré, 1798-1867) 프랑스의 언론인이자 정치가로, 오를레앙파였으나 1848년 이후 보나파르트파로 전향했다. 169

바이스, 클로드 마리위스(Vaïsse, Claude-Marius, 1799-1864) 프랑스의 정치가이다. 보나파르트파로 내무장관을 지냈다. 116, 117

브누아다지, 드니(Benoit d'Azy, Denis, 1796-1880)

프랑스의 정치가이자 금융가, 산업가이다. 정통왕조파로 제2공화정에서 입법의회 부의장을 지냈다. 117, 127

브도, 마리 알퐁스(Bedeau, Marie Alphonse, 1804-1863) 프랑스의 장군이자 정치가이다. 온건 부르주아 공화파의 일원으로 제2공화정에서 입법의회 및 국민의회 부의장을 역임했다. 56, 113

브로이, 아실 레옹스 빅토르 샤를(Broglie, Achille Léonce Victor Charles, duc de, 1785-1870) 공작 작위를 가지고 있던 오를레앙파 정치가로, 프랑스 7월 왕정에서 수상을 지냈으며, 제2공화정에서 입법의회 의원을 역임했다. 86, 129

블랑, 루이(Blanc, Louis, 1811-1882) 프랑스 쁘띠부르주아 사회주의자이자 역사가이다. 1848년 임시정부의 일원이었고 노동 문제 전담기구인 뤽상부르위원회 위원장을 맡으면서 노자관계의 중재역으로서의 정부 역할을 강조하는 등 부르주아에 대한 타협적 태도를 견지했다. 1848년 8월 영국으로 망명하여 런던에서 쁘띠부르주아 망명자 집단의 지도자로 활약했다. 15

블랑키, 루이 오귀스트(Blanqui, Louis Auguste, 1805-1881) 프랑스 혁명가이다. 유토피아적 공산주의자로 전위조직과 무장봉기만이 혁명을 가져올 수 있다고 주장했다. 사계절회(Société des saisons)라는 비밀결사의 지도자이며 1848년 혁명 기간 동안 프랑스에서 극좌 민주주의 및 프롤레타리아 운동을 주도했다. 생애 대부분인 36년을 옥중에서 보냈는데, 1870년 10월 31일 파리 봉기를 주도했다는 이유로 체포되어 파리 코뮌 시기에 다시 구금되었다. 26

베르나르(Bernard, ?-?) 프랑스 육군대령으로 1848년 파리 6월 봉기 참가자들에게 처벌을 가하는 군사위원회를 이끌었고 쿠데타 후에는 반보나파르트 공화파에 대한 사법적 박해를 체계적으로 조직했다. 43

베리에, 피에르 앙투안(Berryer, Pierre Antoine, 1790-1868) 프랑스의 변호사이자 정치가로 질서당에서 정통왕조파를 대표했다. 제2공화정 당시 제헌의회 및 입법의회 의원을 지냈다. 61, 86, 114, 127, 129, 131, 136

브루투스, 마르쿠스 유니우스(Brutus, Marcus Junius, 기원전 약 85-기원전 42) 로마의 저명한 정치가로, 귀족적 공화주의자들과 공모하여 카이사르를 살해했다. 17

비달, 프랑수아(Vidal, François, 1814-1872) 프랑스의 경제학자이자 쁘띠부르주아 사회주의자이다. 루이 블랑의 추종자로 제2공화정에서 입법의회 의원을 역임했다. 88

비에라(Vieyra, ?-?) 프랑스 육군대령으로 국민방위군 참모장이다. 보나파르트파로 쿠데타에 참가했다. 69

비요, 오귀스트 아돌프 마리(Billault, Auguste-Adolphe-Marie, 1805-1863) 프랑스 정치가이자 법률가이다. 오를레앙파로 제2공화정에서 입법의회 의원을 지냈으며, 1849년 이후 보나파르트파로 전향하여 내무장관을 역임했다. 117

빌렐, 조제프(Villèle, Joseph, 1773-1854) 프랑스 왕정복고 시절의 정치가로 극단적 군주 주권론자이다. 129

뻬로, 뱅자맹 피에르(Perrot, Benjamin Pierre,

1791-1865) 프랑스의 장군으로, 1848년 파리 6월 봉기를 진압했으며, 1849년 파리 국민방위군 사령관이었다. 112

뻬르시니 공작, 장 질베르 빅토르(Persigny, Jean-Gilbert-Victor, duc de, 1808-1872) 공작 출신의 프랑스 정치가이다. 보나파르트파로 입법의회 의원을 지냈다. 보나파르트와 함께 쿠데타를 조직했으며 그 정부 아래서 내무장관을 지냈다. 118, 140

뽈리냑, 쥘 오귀스트 아르망 마리(Polignac, Jules-Auguste-Armand-Marie, 1780-1847) 왕정복고 시절의 프랑스 정치가이다. 정통왕조파로 복고왕정에서 수상 및 외무장관을 지냈다. 129

[ㅅ]

살랑드루즈, 샤를 장(Sallandrouze, Charles-Jean, 1809-1867) 파리의 제조업자로, 제2공화정에서 제헌의회 의원을 지냈다. 145

살방디 백작, 나르시스 아실(Salvandy, Narcisse-Achille, comte de, 1795-1856) 프랑스의 작가이자 정치가이다. 오를레앙파로 교육부장관을 지냈다. 127

생쥐스트, 루이 앙투안 레옹 드(Saint-Just, Louis-Antoine-Léon de, 1767-1794) 프랑스 대혁명 당시 탁월한 자코뱅 지도자 가운데 하나이다. 16

생타르노, 아르망 자크 아실 르루아 드(Saint-Arnaud, Armand-Jacques-Achille Leroy de, 1798-1854) 프랑스의 장군이다. 보나파르트파로 1851년 12월 2일 쿠데타를 주도했으며, 육군장관을 지냈고 1854년 크림반도

에서 프랑스군 총사령관을 역임했다. 49

생트뵈브, 피에르 앙리(Sainte-Beuve, Pierre-Henri, 1798-1855) 프랑스의 수공업자이자 지주이다. 자유무역 정책의 옹호자로 질서당의 대변자였으며, 제2공화정에서 제헌의회와 입법의회 의원을 지냈다. 133

생프리에스트, 에마뉘엘 루이 마리(Saint-Priest, Emmanuel Louis Marie, 1789-1881) 프랑스의 장군이자 외교관이다. 정통왕조파로 제2공화정에서 입법의회 의원을 지냈다. 127

샤라스, 장 바티스트 아돌프(Charras, Jean-Baptiste Adolphe, 1810-1865) 프랑스의 군인이자 정치가이다. 중도 부르주아 공화파로 1848년 6월 파리 노동자 봉기 진압에 참가했다. 제2공화정에서 제헌의회와 입법의회 의원을 지냈으며, 반보나파르트 세력으로 쿠데타 이후 국외로 추방되었다. 6

샹가르니에, 니콜라 안 테오뒤르(Changarnier, Nicolas Anne Théodule, 1793-1877) 프랑스의 왕당파 장군이자 정치가로, 1848-1849년에 제헌의회 및 입법의회 의원을 지냈다. 1848년 6월 이후부터 국민방위군 총사령관 및 파리수비대 사령관을 겸직했고, 1849년 6월 13일 산악당 주도의 평화시위를 무력으로 진압했다. 1851년 12월 2일 쿠데타 이후 체포되어 국외로 추방되었다가 1859년에 귀국하여 다시 군대로 복귀했다. 보불전쟁 당시에는 라인군 참모부에 소속되었다가 메스에서 프로이센군의 포로가 되었다. 47, 49, 55, 64, 70, 71, 100-102, 105, 106, 110-115, 119, 130, 133, 140, 143, 146

샹보르 백작, 앙리 샤를 페르디낭 마리 디외도네

지라르댕, 에밀 드(Girardin, Emile de, 1802-1881) 프랑스의 정치평론가이자 정치가이다. 『라프레스』지의 편집인으로, 정계에서는 원칙이나 지조가 없는 인물로 정평이 났다. 1848년 혁명 이전에는 기조 내각에 반대했고, 혁명 후 부르주아 공화파로 제2공화정에서 입법의회 의원을 지내다가 쿠데타 후에는 보나파르트파로 변신했다. 109

지로, 샤를 조제프 바르텔미(Giraud, Charles Joseph Barthélémy, 1802-1881) 프랑스의 법률가이자 군주주의자로 교육부장관을 지냈다. 142

[ㅋ]

카베냑, 루이 외젠느(Cavaignac, Louis Eugéne, 1802-1857) 프랑스의 장군이자 정치가로 중도파 쁘띠부르주아 공화주의자 정치 성향을 띠었다. 알제리 원정에 참가했고, 1848년 2월 혁명 이후 알제리를 통치했으며 전쟁 동안 야만적 방법을 사용하여 악명을 떨쳤다. 1848년 5월 이래 프랑스 육군장관으로 파리 프롤레타리아의 6월 봉기를 잔인하게 진압했으며, 그 공로로 1848년 6월부터 12월까지 임시정부 수상을 지냈다. 35, 41, 43, 44, 56, 115, 134, 146

카이사르, 가이우스 율리우스(Caesar, Gaius Julius, 기원전 100-기원전 44) 로마의 황금시대를 이끈 장군이자 정치가로, 공화정을 폐지하고 제정으로 가는 데 중대한 역할을 담당한 독재자이다. 17

칼리굴라, 가이우스 카이사르(Caligula, Gaius Caesar, 12-41) 로마 제국의 제3대 황제이다. 폭군으로 악명을 떨쳤다. 47

콩스탕, 뱅자맹(Constant, Benjamin, 1767-1830) 프랑스의 자유주의 정치가이자 이론가이며, 출판업자이자 저술가이기도 하다. 17

크롬웰, 올리버(Cromwell, Oliver, 1599-1658) 영국 청교도 혁명 당시 의회 내 공화파 지도자이다. 스스로 호국경이라 칭하고 독재를 단행했다. 17, 145, 146

크르통, 니콜라 조제프(Creton, Nicolas Joseph, 1798-1864) 프랑스의 변호사이다. 오를레앙파로 제2공화정에서 제헌의회 및 입법의회 의원을 지냈다. 125

[ㅌ]

토리니, 피에르 프랑수아 엘리자베트(Thorigny, Pierre-François-Elisabeth, 1798-1869) 프랑스의 법률가이다. 보나파르트파로 내무장관을 지냈다. 142

토크빌, 알렉시스(Tocqueville, Alexis, 1805-1859) 프랑스의 부르주아 역사가이자 정치가이며 외교관이다. 정통왕조파로 입헌군주정을 옹호했으며, 제2공화정에서 제헌의회 및 입법의회 의원, 외무장관을 지냈다. 우리에게는 『미국의 민주주의』를 저술한 것으로 잘 알려져 있다. 129

[ㅍ]

파리 백작(comte de Paris, 1838-1893) 루이 필리프 알베르와 동일인물이다. 126, 127

팔루, 알프레드(Falloux, Alfred, 1811-1886) 프랑스의 정치가이다. 정통왕조파로 1848년 국립작업장 해체를 주도했고 파리의 6월 봉기에 대한 잔인한 진압을 선동했다. 제2공화